中国珍スポ探検隊Vol.2
関上武司
中部編
中国遊園地大図鑑

まえがき

　中国の遊園地を紹介する本シリーズの第2弾は中部編ということで上海市、江蘇省、安徽省、湖北省、浙江省といった中国でも経済的に発展した華中地方の遊園地・テーマパークの情報をお届けしたい。中国経済の成長も鈍化していると言われているが、中国全土のほとんどの大都市を短期間で高速鉄道が結ぶようになり、中国各地で地下鉄の開発ラッシュも継続されている。膨大なチャイナ・マネーは生活水準が向上した中国人を国内レジャー産業への消費を促すべく、遊園地・テーマパーク開発に投資される。その結果、本書で紹介する「上海ディズニーランド」や「杭州ハローキティ楽園」といった外国産コンテンツで勝負をかけるテーマパークも登場したり、版権的に問題のある上海の「大江戸温泉物語」のような温泉テーマパークが営業したりするのは、かつて日本がたどった同じ道だが（2006年に廃園した奈良県のドリームランドはディズニーランドの模倣と言われる）空前のスケールで建設された浙江省の「横店影視城」のような撮影所・娯楽施設も存在する。

　中国が主導するAIIB（アジアインフラ投資銀行）は正直、うさんくさいイメージがぬぐえない国際銀行であり、中国の高速鉄道輸出は失敗ばかりだ。しかし例えば中国のロケット開発の技術は決して馬鹿に出来ない水準に達しているので、中国の産業や技術を日本人の観点で全て否定するのは偏見というものだろう。本書で紹介する安徽省の方特歓楽世界はディズニーのコンセプトをパクりながらも中国各地の大都市や海外でも展開しているので、中国のレジャー産業の今後は意外な発展を遂げるかもしれない。近隣の東南アジア諸国も経済成長しているので、本書北部編で解説したようなネズミ型コースターのような中国製のパクリ遊具もすでに輸出していると予想される。筆者としては輸出されたパクリ遊具は地域ごとに独自の"お笑い"の方向へ進化してほしいと考えている。そのような遊具を撮影された方は是非、SNSやブログにUPして情報をネットで共有していただきたい。

　なお、本書のタイトルは「中国遊園地大図鑑　中部編」となっているが、北部編の用語集に解説したように元来、遊園地とテーマパークは似ているが異なる観光施設だ。また、本書では純粋な娯楽施設ですらなく強烈な外観の教育施設や鬼城（ゴーストタウン）まで収録しているが、「インパクトを重視した結果」ということで大目に見ていただきたい。中部編ではネットでも話題になった「共産党テーマパーク」や「超巨大関羽像」といった物件に驚いてほしいし、美少女萌えキャラの視線を感じながら使用するテーマパークの男子トイレに困惑してほしい。海外ガイドブックに分類される本シリーズでも読者のほとんどが現地まで足を運びたがらないと筆者も何となく理解しているが、本書でも中国語ができない人間を拒むかのようなアクセスが悪い物件も紹介している。時間がない、渡航資金がない、中国語が理解できないといった現地まで行く気にならない理由は列挙すればいくらでもあるだろう。それでも極めて少数の読者が万難を排して実際に中国の遊園地やテーマパークへ訪問することを願っている。

目次

002 まえがき
003 目次
005 中国の遊園地でよく見るキャラクター事典

007 第1章　華中地方1　上海市

008 パクリなしの全部ホンモノ！　中国本土初のディズニーランド!!　上海ディズニーランド
028 偽ガンダム中国の大地に立つ!!
030 上海で最も高い観覧車と謎装備の偽ガンダム！　錦江楽園
040 1930年代のオールド上海を再現したオープンセット　上海影視楽園
052 習近平も視察したイギリス風ゴーストタウン　テムズタウン
060 ドイツ風ゴーストタウンはまだまだ拡張予定？　安亭新鎮
066 超大型公園の国防教育区にある実物大の航空母艦　東方緑舟
074 人気温浴施設とゆるキャラをパクった純日式温泉遊楽園　大江戸温泉物語
081 **日本を紹介する中国の雑誌『知日』が凄い!!**

085 第2章　華中地方2　江蘇省

086 ライオンのオリジナルキャラと東方のディズニー　蘇州楽園
094 世界遺産・退思園に隣接するセックスミュージアム　中華性文化博物館
098 ヨーロッパ風オープンセットを再利用した公園　蠡湖中央公園
102 中国最古の巨大エアコン装置も再現した撮影所　無錫唐城
106 東方のハリウッドと称えられる映像製作基地　無錫三国城・水滸城
112 **仰天！　遊園地のパクリキャラグッズ2!!**
114 Blizzardのゲームの世界観を丸パクリのテーマパーク　嬉戯谷
132 **激熱！　中華ウェディングフォトの撮影現場!!**

135 **第3章　華中地方3　浙江省・安徽省・湖北省**
136 中国最大級のチェーンのテーマパーク　蕪湖方特歓楽世界
146 三国志の古戦場の公園で発見した激レア・パクリキャラ　逍遥津公園
150 三国志ゆかりの地に全高48ｍの関羽像現る　関公義園
158 華中地方最大の「共産党人」テーマパーク　武漢南湖幸福湾水上公園
162 3匹の蟻がオリジナルキャラの老舗のチェーン・テーマパーク　武漢歓楽谷
168 大学が世界的有名建築の山塞版に込めた思いとは？　武漢商貿職業学院
172 **衝撃！　華中地方の変な看板特集!!**
174 空前のスケール！　世界最大の撮影所に驚愕せよ!!　横店影視城
192 サンリオ公認のテーマパークが開園！　杭州ハローキティ楽園
204 英国人ミュージシャンもMVを撮影したパリ風ゴーストタウン　広厦天都城

223 あとがき

アイコンの見方

🏠 **遊園地の名称**

- 読 日本語の読み方
- 簡 中国語簡体字の表記
- 発 中国語の発音
- A 英語の名称
- 📍 住所
- 🚇 アクセス方法
- ¥ 入場料
- ↔ 面積
- 🕐 開園時間
- 🖥 ホームページのアドレス

補足：円と元のレートは2016年12月のレートを元に、煩雑さを避けるため小数点は切り捨て、16円で計算。

中国の遊園地でよく見る キャラクター事典

中国の遊園地では多種多様のキャラクター（当然、パクリが多い）が見られるが、作品とキャラの顔がよくわからない読者もいるはずだ。そこで中国の遊園地で一般的に普及しているキャラクターを中国、日本、アメリカ、イギリスの作品ごとにまとめてみた。

中国のキャラクター

孙悟空　孫悟空　そんごくう
『西遊記』の主人公。三蔵法師、猪八戒、沙悟浄の4人で西天取経の旅に出るが、毎回遭遇する妖怪が手強くて観音菩薩に泣きつくケースが多い。中国の遊園地では孫悟空誕生の地にちなんだ「花果山漂流」という遊具が多く存在する。

喜羊羊　シーヤンヤン
中国国産アニメの『喜羊羊与灰太狼』の主人公。好奇心旺盛な羊の少年で、ここぞという場面では活躍する。「喜羊羊」のキャラクターグッズは中国で大人気だ。

光头强　光頭強　ゴアントウチャン　　**熊大　シュンダー**　　**熊二　シュンアル**

中国国産アニメの『熊出没』のキャラクター。熊の兄弟で頭がいい兄の「熊大」とけんかが強い弟の「熊二」が森林を伐採しようとする「光頭強」を追い払うストーリー。関連グッズは遊園地でも絶賛販売中！

日本のキャラクター

哆啦A梦　ドラえもん
22世紀の未来からやってきたネコ型ロボット。以前は中国語では「机器猫」(直訳するとロボットネコ)と呼ばれていたが、現在は音訳の「哆啦A梦」となっている。

奥特曼　ウルトラマン
日本の特撮テレビ番組に登場する巨大変身ヒーロー。温家宝（中国の第6代国務院総理）は孫がよく見るのは『ウルトラマン』と発言。

凯蒂猫　ハローキティ
サンリオを代表する猫をモチーフに擬人化したキャラクター。浙江省にはサンリオ公認の「ハローキティ」のテーマパークが存在する。

麺包超人　アンパンマン
日本では子供たちに絶大な人気を誇る国民的キャラクター。中国のアンパンマンのパクリ遊具は食欲を失せるカラーリングになっている。

日本のキャラクター

马里奥　マリオ
任天堂のゲームキャラクターで本名はマリオ・マリオ。新疆ウイグル自治区のカシュガルでもマリオのパクリ遊具が目撃される。

皮卡丘　ピカチュウ
ポケットモンスターシリーズを象徴するキャラクター。2015年に広西チワン族自治区の遊園地の年末イベントでピカチュウの着ぐるみが大量発生した模様。

月野兔　月野うさぎ　つきのうさぎ
『美少女戦士セーラームーン』の主人公。「セーラームーン」は中国語では「水手月亮」と表記され、中国の女の子にも好まれる作品の1つだ。

江户川柯南　江戸川コナン　えどがわコナン
『名探偵コナン』の主人公で本名は工藤新一（くどうしんいち）。彼の周囲では殺人事件が頻発する為、中国のオタクから「死神小学生」と呼ばれる事もある。

蒙其・D・鲁夫　モンキー・D・ルフィ
『ONE PIECE』に登場する非常に体が柔らかい海賊。中国の新聞「銭江晩報」でも連載されているが、タイトルは『海賊王』ではなくて『航海王』になっている。

漩渦鳴人　うずまきナルト
『NARUTO』（中国語のタイトルは『火影忍者』）の主人公で忍者。山西省の抗日テーマパークでも同作品のキャラクターグッズの需要がある。

米英のキャラクター

米老鼠、米奇老鼠　ミッキーマウス
ウォルト・ディズニー社の看板キャラクターで世界一有名なネズミ。著作権に厳しいはずなのに、中国各地の遊園地でミッキー型コースターが稼働中！

米妮老鼠　ミニーマウス
ミッキーマウスのガールフレンド。青海省ではなぜか白目部分が青色に塗装されたオブジェが目撃され、今後も増殖すると予想される。

杰克・斯派罗　ジャック・スパロウ
映画『パイレーツ・オブ・カリビアン』シリーズの主人公の海賊。中国の遊園地でも定番遊具のパイレーツシップで頻繁に目撃される。

白雪公主　白雪姫　しらゆきひめ
ディズニープリンセスの中でもトップクラスで有名な王女。中国各地の遊園地で白雪姫と七人の小人のオブジェが確認される。

蜘蛛人　蜘蛛侠　スパイダーマン
アメリカのマーベル・コミックを代表するスーパーヒーローの1人。実写映画化されている影響か、中国でも知名度が高い。

兔巴哥　兔八哥　バッグス・バニー
ワーナー・ブラザースのアニメキャラクター。黒竜江省では遊園地らしからぬ凶悪な表情をしたバッグス・バニーも見られた。

汤玛士小火车　托马斯小火车　きかんしゃトーマス
イギリスの幼児向け番組に登場するキャラクター。中国の遊園地のパクリ遊具はポピュラーな存在となっている。

パクリなしの全部ホンモノ！
中国本土初のディズニーランド!!

🏠 上海ディズニーランド

読 シャンハイでぃずにーらんど
簡 上海迪士尼乐园
発 シャンハイディシーローユェン
A Shanghai Disneyland
📍 上海市浦東区川沙新鎮黄楼社区旗杆村和趙行村
🚌 上海浦東空港からの場合、タクシーで片道20〜30分。上海市内からの場合、地下鉄11号線に乗り「迪士尼」で下車
↗ 総面積約410万平方メートル、パーク自体は116万平方メートル
¥ 平日370元(約5920円)、ピーク時(土日や休日)は499元(約7984円)
🕐 曜日・時期によって最長08:00〜22:00 最短10:00〜19:00 HPを確認
🖥 https://www.shanghaidisneyresort.com/en/

　中国の経済成長に伴い、中国人の所得も向上している。生活が豊かになると、品質に問題のある粗悪品は駆逐され、本物志向が芽生えてくる。そうなると偽ディズニーグッズよりも正規品の需要も高まり、ついに上海にもディズニーランドが建設される。結論から述べれば最新のディズニーランドだけあり、素直に絶賛すべき点もあれば首をかしげざるを得ない問題や今後の課題もある。

　上海ディズニーランド建設計画はずいぶん前からあり、当初は2008年に開園予定。同園の誘致を決定した理由とは、オバマ大統領が初訪中をした2009年に、胡錦濤政権からのプレゼントとされる（当時のオバマ政権はリーマン・ショックの後遺症に苦しんでいた）。プロジェクトはウォルト・ディズニー社と上海市政府が運営する複合企業体の「上海申迪集団」が運

営・管理・開発を行い、紆余曲折を経て2016年6月16日に開園。

　気になるアクセスだが、上海浦東空港から行く場合、タクシーで片道20〜30分というのは便利である（上海虹橋空港からはタクシーで4〜50分くらい）。市内からなら上海地下鉄11号線に乗り迪士尼站（ディズニー駅）まで直通。同園と上海各地を結ぶバスもあるが、本数が少ないといった印象だ。

　上海ディズニーランドのパーク部分の面積は116万平方メートル（東京ディズニーランド＆シーの合計面積とほぼ同じ）を誇り、年間1500万人の来園者を見込んでいて、ディズニー側もすでに拡張工事を着工、今後に向けて気合いが入っている。

　実際に訪問してみるとスタッフ（以下キャスト）より手荷物を検査されて入場ゲートへ。チケットの料金は平日370元

ミッキーマウスのシルエットが表示された案内の看板。

「ワールド・オブ・ディズニー」はアジア初出店。

ミッキー・アベニュー。

メリーゴーラウンドも大人気だった。

（約5920円）、ピーク時（土日や休日）は499元（約7984円）と国家5A級旅遊景区の観光地としてもかなり高額な価格設定。

　大きなカバンはゲート入ってすぐの場所にある「行李寄存処」で預けることが可能だが、通常は荷物1点につき50元（約800円）、ディズニーホテル利用者は無料。用紙に名前と携帯電話の番号（日本のものでもかまわない）を記入して引き取る際に番号を復唱して確認される。園内には英語が通じるキャストが多いとのこと。

　園内は6つのテーマランドに分けられていて、パークのエントランスのミッキー・アベニュー（米奇大街）にはパーク最大のギフトショップが並んでいる。ミッキーとドナルドの抱き合わせの小さなキーホルダーの販売価格が99元（約1584円）と来園者（以下ゲスト）から金をむしり取

る気迫に満ちている。

　ガーデン・オブ・イマジネーション（奇想花園）のメリーゴーラウンドに注目すると、映画『ファンタジア』の世界観に統一されていて、これまで紹介してきた中国の遊園地のものとは異なる風格が漂っているのか 30 分の待ち時間が必要。上海ディズニーランドには最新のアトラクションや中国色が強い独自の施設も多く、同エリアの十二朋友図は中国工商銀行の提供（参加企業制度も採用されている）で十二支の壁画にディズニーの動物キャラが描かれている。

　大勢のゲストがそれぞれの干支の壁画と記念写真を撮影しているので、顧客ニーズをつかんでいると言える。辰年の部分には映画『ムーラン』に登場する小さな龍のムーシューが描かれているが、このキャラや主人公のムーランも中国の遊園地のパク

園内のレストランのメニューは中華料理が多い。

キャストがしっかり清掃しているので、ゴミは目立たない。

カリブの海賊は筆者訪問時はメンテナンス中。

中国人に大人気の十三朋友図。

映画『ムーラン』のマスコットキャラのムーシュー。

リ現場では筆者はお目にかかったことはない。この作品は古代中国を舞台にした映画なのだが、中国で人気があるのかどうか正直、よくわからない。園内でキャラグッズは販売されているのだろうか（ムーランはパレードに登場するとのこと）？

　同エリアの漫月軒はインスタント食品製造で有名な康師傅が提供。メニューには上海紅焼肉飯や福建海鮮面と表記されていて、園内のレストランは中華料理が多いのも特徴だ。

　上海ディズニーランドは2016年5月のプレオープンの時点からゲストのマナーが最悪と評判になっていた。街灯に落書きをしたり、トイレ以外の場所で子供に排泄させる親がいたり、ハンドドライヤーで手ではなく足を乾かそうとするゲストもいたそうだが、筆者の行動範囲内ではそこまでの強者は確認されず、ごく一部の人間と言

ゲスト同士が放水！

える。日本の報道ではTVもネットも「中国人のマナーは最低でも来日したら日本のささいな事柄に感動、爆買いは歓迎光臨！」と偏見に満ちているが、日本人は中国の悪い点だけ強調しないで、良い点も謙虚に報道してほしい。最近は中国人の地下鉄乗車マナーの向上も見られるし、待ち時間の長い人気アトラクションでもゲストは辛抱強く並んでいる。

放水銃の標的にもなるカヌー。

しかし夏休みの時期の上海ディズニーランドは脱水症状になりかねないレベルで蒸し暑く、Ｔシャツをまくりあげたヘソ出しルックの男性をたまに目撃し、それどころか乳首までさらけ出す猛者も出没。アドベンチャー・アイル（探検島）エリアでは岩陰で我が家か近所の公園のように昼寝をする集団あり。東京ディズニーランド（以下TDL）なら、ゲストが床で寝ていたらキャストから心配されて声を掛けられる事案で

ジャック・スパロウ船長のそっくりさんと記念撮影！

ジャック・スパロウは女性に大人気だ！

ある。

　トレジャー・コーブ（宝蔵湾）はディズニーでも初めての海賊をテーマにしたエリアだ。再現された難破船には大砲型のウォーターガンがあり、見ず知らずのゲストが漕ぐカヌーに放水も可能！『パイレーツ・オブ・カリビアン』のジャック・スパロウ船長に扮したキャストとグリーティング（記念撮影や触れ合い）もできるが、撮影時間は限られているので希望者は早めにチェックすること。

　人気のアトラクションの1つである「カリブの海賊　バトル・フォー・ザ・サンケントレジャー」は初日から機械的な故障が発生。2016年8月10日発刊の「北京晨報」の記事には8月7日に同アトラクションが故障してもキャストが告知をしなかったので大勢のゲストが何時間も待たされる事案が発生。ディズニー側は賠償とし

激流ライドのローリングラピッド。

てゲストに対し「1年以内有効の入場券（年間パスポートではない）」を渡すのだが、甘粛省から遊びに来た女性は「二度と来ないので、入場料金を返してほしい！」と激怒。筆者訪問時もカリブの海賊は故障していて、キャストは「2時間後に来て下さい」と説明。上海ディズニーランドでは最新技術であるはずの他の人気アトラクションでも故障が発生しているので、高い入場料金に見合ったメンテナンスをしてほしい。

　ファンタジーランド（夢幻世界）にあるエンチャンテッド・ストーリーブック・キャッスル（奇幻童話城堡）は世界のディズニーランドでも最大の高さ60メートルで、すべてのディズニープリンセスのストーリーをモチーフにしている。当然ながら待ち時間60分の人気アトラクションだ。城の足元にはアリス・イン・ワンダーランドの迷路があり、巨大な顔の赤の女王

ミッキー型のアイスクリーム。

アイス1個が35元（約560円）というびっくり価格！

キャッスル周辺も混雑していた。

ラプンツェルとフリン・ライダー。

のオブジェが待ち構えている。

　上海ディズニーランドは中国文化への尊重の為、TDLにもあるホーンテッドマンション（先祖の霊を敬う文化）やアリスのティーパーティー（茶文化なので）のようなアトラクションは設置していない。替りにクマのプーさんの蜂蜜ポットをモチーフにしたアトラクションの「ハニー・ポット・スピン」が設置されていて、こちらも長蛇の列となっている。

　ミッキーのシルエット型のアイスクリームの価格はなんと35元（約560円）！

　貧乏人は来るなと言わんばかりの価格設定だが、入場料金を最近の中国のテーマパークの平均値200元（約3200円）前後にするとさらにゲストが押し寄せる事になるので、必要な処置かもしれない。TDLと同じく、さらなる入場料金上昇が予想される。

　トゥモローランド（明日世界）にある世界初のバイク型ライドの絶叫系アトラクションの「トロン・ライトサークル・パワーラン」は本当に爽快そうで、人気があるのも納得だ。
　屋内施設の「スター・ウォーズ・ローンチ・ベイ」は意外とゲストが少なく、夏は涼しい穴場だ。『スター・ウォーズ/フォースの覚醒』に登場した小道具や衣装、戦闘機のXウィングが展示され、作中のミレニアム・ファルコン号のコクピットで記念撮影もできる。ネットでは館内のC-3PO（作中に登場する金色のロボット/ドロイド）が中国語をしゃべる事にツッコミを入れていたが、このキャラは600万以上の宇宙言語を使いこなせる設定を忘れてはいけない。筆者はダース・ベイダーとグリーティングしてみたが、中国語で「荷物を部屋のスミに置け！」と威圧的に言われたり

アナとエルサに投げキスをしたら喜んでくれた。

七人のこびとのマイントレインも大人気だ。

康師傅は中国における最大の台湾企業だ。

して、そこが楽しい。館内の銀河帝国貿易站では『スター・ウォーズ』のグッズも販売されているので、ファン垂涎のスポットであろう。同エリアの屋外ステージでは『ベイマックス』のキャラクターショーが開催されていたが、蒸し暑い時期なのでゲストはそれほど多くない。周辺には使われていない土地があり、そのうち新たなアトラクションが作られている可能性大。

　パレードを撮影してみたが、さすがに本物だけあって、大勢のキャラクターやキャストがディズニーの世界観を表現している。預けた荷物を引き取ってからゲートを出ると、ゲート周辺にディズニー世界商店やディズニータウンがあり、入場しなくてもキャラグッズの購入や雰囲気を味わえる趣向になっている点は評価したい。上海ディズニーランドは広大な拡張スペースもあり、アジア有数のテーマパークになる実

赤の女王が待ち構える迷路。

力もある。ゲストのマナーやアトラクションの故障は時間とともに改善されるだろうが、環境問題はどうなのだろうか？

　上海ディズニーランドの建設前に、上海当局は用地確保と環境配慮で、周辺の100社以上の企業と数百棟の住宅を強制的に撤去させている。中国のテーマパークは冬季に集客率が極めて低下する傾向があり、PM2.5といった大気汚染の問題をある程度は解決して、冬季でも一定の集客率を確保できるのだろうか？

　2016年10月の時点で開園以来の入場者数は1日当たり平均2万人前後。年間で約730万人と予想され、目標の1500万人には達さない。大規模なテーマパークの運営は難しいが、上海ディズニーランドの今後の打開策に期待したい。

インドネシア風のバーベキューチキンも食べれる。

公共の場でヘソどころか乳首までさらす猛者！

涼しい場所で休みたくなる気持ちは理解できる。

同行の女性はヘソ出しルックの彼氏をとがめない。

お爺さんもヘソ出しルック！

あまりの酷暑に日陰で休む一般客。

上海の酷暑はきつく、児童もへたばっている。

『ベイマックス』のショー。

ミレニアム・ファルコン号のコクピットで記念撮影！

ダース・ベイダーと2ショット！

R2-D2 と C-3PO とグリーティングもできる。

トゥモローランド。

このエリアは近未来的なデザインの建物で構成される。

園内最速のトロン・ライトサークル・パワーラン。

トロンは園内の目玉アトラクションの1つ。

ミニーマウスのカチューシャも大人気だ。

入場ゲート外のお店も大盛況。

見たところパチモンはない。

強烈な日差しを避ける折り畳み傘も好評。

キャストのステキな笑顔。

マーベル・コミックスのグッズを販売しているお店。

荷物預けカウンター（行李寄存处）の隣でもグッズを販売。

偽ガンダム中国の大地に立つ!!

『機動戦士ガンダム』とは1979年に放映されたロボットアニメで、これまで多くのシリーズ作品を生み出し、いまだに絶大な人気を誇る超優良コンテンツだ。現在は日本で人気のある漫画・アニメ作品は中国でもほぼタイムラグなく流行する時代なので、東京のお台場で1/1ガンダムが現れたらすかさず中国には偽ガンダムが出現してマスコミに絶好のネタを提供する。四川省のイエローカラーの偽ガンダムが有名だが、本書では上海と遼寧省で発見した偽ガンダムオブジェと中国各地のガンダム型遊具を紹介したい。

2014年と2016年に撮影した上海の偽ガンダムは2年間で大きな変化はなかった。案外、堅牢な構造になっている点は評価したい。カラーリングはオリジナル仕様だが、いい加減な業者が製造するとここまで色の塗り分けはされない可能性大。それにしても電波塔を両手に持たせた理由がよくわからない。ガンダムのメカニカルデザインを担当した大河原邦男もきっと呆然とするに違いない。この装備でどうやって戦えと？
撮影場所：錦江楽園

遼寧省の偽ガンダムは本物のデザインをがんばって模倣しようとした努力が窺える。しかし安物のペンキを使っているのか塗料の退色も気になるが、一番の問題は肩関節がガタガタで両手が紛失している事だ。ガンダムの主力兵器のビーム・ライフルやビーム・サーベルは手がない状態では扱えないので、『機動戦士ガンダム』の主人公のアムロ・レイでも敵前逃亡したくなるだろう。撮影場所：瀋陽森林動物園

ガンダム型遊具

中国各地の遊園地を巡って観察すると、顔以外は原型を留めていないガンダム型遊具を多数発見。これまで3種類のガンダム型遊具が確認されたので便宜上、
①単独タイプ
②連結タイプ
③回転遊具タイプ
と分類してみた。

①単独タイプ　山東省青島市の宝龍城市広場(本書北部編で紹介した青島宝龍楽園が運営されていたほぼ廃墟モール)の室内遊園地の開心楽園で発見。形状からするとコインを投入すると稼働する電動遊具のようだ。撮影場所：開心楽園

②連結タイプ　吉林省敦化市の小規模な遊園地で発見。児童向けのコースター系遊具の車両のひとつがガンダム型。先頭車両はなぜかサンタクロースになっていて、困惑させられる。撮影場所：敦化市北山公園

②連結タイプ　雲南省昆明市の西華園で発見。同じくコースター系遊具の車両のひとつがガンダム型。連結タイプのガンダムの頭頂部には回転灯が共通して取り付けられている。撮影場所：西華園

③回転遊具タイプ　このガンダム型遊具も雲南省昆明市の西華園で発見。他のガンダム型遊具と同じ形状をしているので、同じ遊具メーカーが製作したのだろう。撮影場所：西華園

③回転遊具タイプ　雲南省昆明市の宝海公園でも回転遊具タイプのガンダム型遊具を発見。この遊具は中国の他の地域の遊園地にも納入されているに違いない。撮影場所：宝海公園

上海で最も高い観覧車と謎装備の偽ガンダム！

🏠 錦江楽園

- 読 きんこうらくえん
- 商 锦江乐园
- 発 ジンジアンローユェン
- A Jinjiang Action park
- 📍 上海市闵行区虹梅路201号
- 🚇 地下鉄1号線「锦江乐园」下車。市内各所から路線バスあり。
- ↗ 約11万平方メートル
- ¥ 60元（約960円）
- 🕘 09：00～17：00
  7月13日～8月25日：08：45～22：00
- 🌐 http://www.jjlysh.com/

　上海市にある錦江楽園は1985年に開園した国家4A級旅遊景区の遊園地だ。錦江楽園には「全国遊楽行業先進単位」「上海市文明単位」「上海市花園単位」「集団文明単位」「上海市誠信服務信得過単位」といった企業栄誉が並ぶ。

　アクセスは非常に便利で、上海地鉄（地下鉄）1号線錦江楽園駅下車すぐという点がすばらしい。敷地面積約11万平方メートルとそれほど広くはないが、毎年100万人前後の来園者を呼び込めるのも納得できる立地条件である。

　錦江楽園は上海で最も早くできた現代的遊園地だが、パクリの巣窟というのも実に中国らしい。入場ゲートすぐ近くの売店では、ミッキーマウスもどきのぬいぐるみを堂々と販売。『機動戦士ガンダム』シリーズは中国でも人気のコンテンツの為、当然のようにパクられる。四川省に黄色い「偽

独自の装備とカラーリング以外は高い完成度だ。

ガンダム」があったことを覚えている方も多いことだろう。しかし、錦江楽園にも偽ガンダムは屹立していた！　青と白色がベースでディテールはわりとしっかりしていたが、両手に持った電波塔？とボディを囲む謎のラインが意味不明。この偽ガンダムは特注品なのか？　もしくは成形品の量産型だとしたら、他の遊園地にも設置されているものと期待したい。

　火山動漫楽園は入口からして『ONE PIECE』のチョッパーや『名探偵コナン』のイラストなどが貼られていて、内部のクレーンゲームの景品のハローキティらしきぬいぐるみには「Hello Baby」と刺繍されていて、即座にパクリと判明。

　園内の食堂でチキンカレーセットを食べてみるも、カレーのルゥはしゃびしゃびで味も薄く、日本人の口には合わないと絶句。味にうるさい中国人が本当にこういった中

他の遊園地にも配備されていてほしい。

土曜日に訪問したものの来園者はまばら。

観覧車から上海航宇科普中心が展示する飛行機が見える。

華カレーを好むのだろうか？と今でも謎である。スープの椀が欠けていたのもマイナスポイントで、バナナにいたっては遊園地で提供される果物とは信じられないほど皮がどす黒く、丸ごと残す。

　上海一の高さを誇る108メートルの大観覧車に乗ってみたが、こちらはハルビン文化公園のものと同じく、日本の岡本製作所、上海遊芸機工程有限公司と上海錦江楽園が日中友好30周年を記念して建造し、2002年に運行開始。この遊園地のスローガンの1つは「安全第一、賓客至上」なので日本のメーカーに発注したのだろう。観覧車から園内を眺めると、1月でも土曜日とは思えないほど来園者の姿が少ない。この日の上海の空気質量は「重度汚染」だった事も原因か？　PM2.5、恐るべし。

　赤や白のペンキの滴だらけで「流血の惨劇の中、頭空っぽでドライブするカップル」

なぜこの状態で放置するのか？

という不吉なタイトルを連想させるオブジェを発見。おそらく真上の大観覧車の色を塗り替える際にしっかり養生をしなかったので、上からペンキが垂れまくったと推測される。

　水上アニメ劇場というボートライドのコンセプトはディズニーランドの「イッツ・ア・スモールワールド」のパクリで、『ガリバー旅行記』や『ピノキオ』などの外国の童話や『西遊記』の火焔山のシーンをアニメ風の人形で再現しているのが特徴だ。ボートの出口には「GOOD BYE　再見　さようなら」と表記されている。

　敷地内の別の場所にはライオン像の口に入り尻から出るボートがあるが、口の中にはディズニーのライオンキングとわかる手描きイラストあり。電玩城というゲームセンター前には『パイレーツ・オブ・カリビアン』のジャック・スパロウもどきのオブ

チョッパーと江戸川コナンが歓迎する火山動漫楽園。

中国の食べ物は割と口に合う筆者でも中華カレーには絶句。

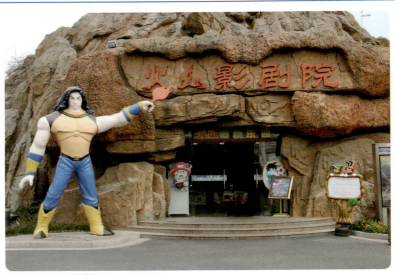
異様に手が長い火山影劇院前のマッチョキャラ。

遊園地に高射砲を設置する理由がわからない。

ジャック・スパロウと桜木花道のありえない共演！

イタリア製のジェットコースターと表記。

近づくと貧層な体のティラノサウルスと判明。

「小さな世界」をボートで巡るアトラクション。

コンセプトはTDLの「小さな世界」のパクリ。

ジェがあり、右手の銃にぶら下がるプレートには『ONE PIECE』の麦わらの一味のドクロマークが描かれているので、中国人の海賊コンテンツに対する愛情に驚かされる。以上が2014年に筆者が訪問した錦江楽園のレポートなのだが、版権無法地帯ぶりに愕然とした。

2016年1月は上海ディズニーランドの建設も大詰めを迎えていたが、この時期に錦江楽園を再訪してみた。入口近くの売店ではミッキーもどきのぬいぐるみが見当たらず、水上アニメ劇場もなぜか稼働していなかった。上海ディズニーランド開園に向けて、中国政府が知的財産権保護の強化に乗り出した影響と推測されたが、そんなモノは嘘っぱちだと本書を読まれた方ならおわかりいただけるだろう。偽ガンダム、ライオン像の口の中にある『ライオンキング』のイラスト、ジャック・スパロウもど

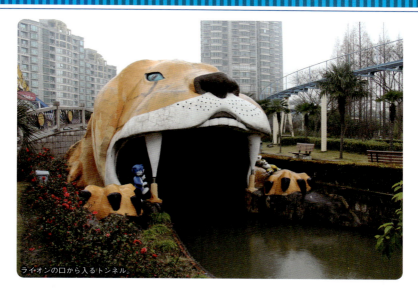
ライオンの口から入るトンネル。

きのオブジェなどは健在であり、園内数か所で見られた『ポケットモンスター』のピカチュウぬいぐるみも模造品に見える。

　公式HPにも違和感があり、園内マップから水上アニメ劇場の名前が消されているのも筆者としては残念だが、（今後どのような施設にするのか気になる）、上海大転盤（大観覧車の名称）には上海遊芸機工程有限公司が建造と書いてあるだけで、岡本製作所については表記されていない。

　スプラッシュ系ライドの急流勇進の設備は日本産とのみ表記されているが、こちらも岡本製作所が製造したのだろうか？　少なくとも同社は上海大転盤の件で錦江楽園に抗議した方がいい。

トンネルの出口はライオンの尻。

トンネルの中に『ライオンキング』のイラスト発見！

ローマの休日と表記されている。

上の写真の二人はその後、バイクに乗っていた。

絶叫マシンを楽しむ家族のオブジェ。

1930年代のオールド上海を再現したオープンセット

上海影視楽園

- 読 シャンハイえいしらくえん
- 簡 上海影视乐园
- 発 シャンハイインシーローユェン
- A Shanghai Film Park
- 上海市松江区车墩镇北松公路4915
- 地下鉄1号線「莲花路」下車後、「莲花路」バス停より莲石线、莲枫线、莲金线で「车墩镇」にて下車、徒歩10分
- 約43万平方メートル
- ¥ 80元(約1280円)
- 08:30～16:30
- http://www.shfilmpark.com/

レトロな上海の街並みを見事に再現。

撮影用の偽物の雪が路上に撒かれている。

園内数か所で撮影が行われていた。

　上海影視楽園は上海市の郊外・松江区にある上海電影集団公司が運営する映画・テレビドラマ撮影用のオープンセットで、国家3A級旅遊景区の観光地だ。かつて上海租界が開設された経緯から上海は中国の映画発祥地とされ、中華人民共和国成立以前は200以上の映画制作企業が活動していた。

　同園は1930年代の上海の街並みを再現したオープンセットとして建設され、1998年に開園。中国人の学生も学校の遠足で訪れるので、京都の東映太秦映画村と同じ立ち位置と言える。

　アクセスは上海市中心部からタクシーで1時間くらいかかるので便利とは言えないが、郊外なので周辺に撮影の妨げになるような高層建築はない。

　これまで多くの映画・ドラマを撮影しているが、チャウ・シンチー監督・主演の映

衡山馬勒別墅飯店のレプリカ。

画『カンフーハッスル』(原題：功夫) や日本のテレビドラマ『華麗なる一族』のロケ地でもある。

　公式HPによるとレトロな街並みをバックにウェディングフォトの撮影も行われているそうだが、一定の需要がありそうだ。ただ、記念品やグッズを販売しようという商売っ気がないと感じたのは残念だ。同園限定のオールド上海グッズでも並べたら意外と売れると思われる。

　現在、上海は世界一の地下鉄本数を誇り、2020年には地下鉄だけで21路線、総延長は約780kmとなる計画だ。しかし時代の流れから上海の繁華街の南京東路では路面電車の運行は廃止され歩行者天国になっているが、同園の再現された南京東路ではレトロな路面電車が運行していて観光客も乗車できる。また、撮影に必要な機材を運搬する車も走っている。

一部の建物の壁の後ろは骨組みだけ。

撮影中なので一般人は立ち入り禁止。

　園内の複数の場所で撮影が行われていて、スタッフは準備に忙しそうでエキストラは物陰に待機、夕方でも非常に活気に満ちている撮影所だ。

　地面にまかれた雪のようなものは本物ではないが、触ってみると湿り気のない粉末状で映像では偽物とは判別できないだろう。古い上海の街並みを再現する為に広い範囲にヨーロッパ風のビル、教会、石庫門（租界時代の中国人向け長屋）、学校、病院、蘇州河港、浙江路鋼橋といった建物が設置されていて後述の横店影視城のように「中国十大影視基地」のひとつとされているのも納得できる。

　外壁の裏側に木の骨組みしかない建物も見られるが、オープンセットなのでありだろう。園内の劇場では観光客向けの寸劇もあり、中国・香港映画ファンならば充分楽しめる施設だ。公式HPでは具体的に紹

介されていないのだが貧民街もあり、一人で足を踏み入れるには勇気がいるほどのクオリティで再現されている。壁にぶら下がっている魚や鶏肉は撮影用の偽物だが、なぜか野菜は本物。「平安大戯院」や「好時光」といった娯楽施設のような建物も再現されているが、裏側はコンクリートの柱が露出していて、漫画の『北斗の拳』に登場する世紀末の廃墟のような雰囲気を醸し出している。

蘇州河港には船も停泊していて、埠頭には積荷の木箱が積み上げられているのは撮影所の風景として問題ないのだが、日章旗と旭日旗の品質がひどい。日の丸の赤色の染料が白地の部分に沁み込んでピンク色になっていて、たかが小道具でも改善してもらいたい。壁に貼られている当時の商品広告のポスターも映画の小道具とは思えないくらいリアルに退色していて、同園のこだ

路面電車に貼られた広告もいい味を出している。

路面電車はスタッフの車の間を通り抜けていた。

平安大戯院の表側。

壁のポスターの再現度もすごい。

わりぶりが反映されている。

　中国の遊園地とは異なり、撮影所では基本的にパクリキャラは目撃されず、撮影に必要な時代の建物の再現度は素直に評価したい。前に述べたようにアクセスは少々不便だが、上海観光の際には同園を訪問してみてはいかがだろうか？

平安大戯院の裏は廃墟のような雰囲気だ。

偽物の魚がぶら下がっている。

貧民街の再現度に驚愕！

貧民街の建物の内部。

七重天賓館のレプリカ。　　　　　蘇州河港の入口。

敷地内の川には船も再現されている。

白地が薄ピンク色の日章旗が並んでいた。

当時の歯みがき粉の広告も見られる。

習近平も視察した イギリス風ゴーストタウン

🏠 テムズタウン

読 テムズタウン
簡 泰晤士小镇
発 タイウーシーシャオジェン
A Thames Town
📍 上海市松江区三新北路 900 弄 635 号
🚇 地下鉄 9 号線「松江新城」で下車し、14 路のバスで「文诚路玉华路」へ。
↗ 約 100 万平方メートル
¥ 無料
🕐 いつでも入れる
🌐 http://www.thamestown.com/default1.asp

　21 世紀初頭、中国の経済発展に伴って上海市の人口が急激に増加し、一城九鎮戦略というニュータウン計画に基づいて上海の郊外に大型の住宅地が建設される。

　上海市中心から南西に 40km 程離れた場所にあるテムズタウンは 2005 年に地下鉄 9 号線開通に合わせて高級住宅地として開発され、ネットではイギリス風ニュータウンかつゴーストタウンとして有名。世界的有名建築の山塞版(パクリ)の多い中国においては意外と思われるが、イギリスのアトキンス社（阿特金斯集团）が街の設計に携わっている。

　ネット情報ではテムズタウンの物件はほとんど販売されたそうだが、富裕層が投機目的に購入した為、実際に住む人はほとんどいないとのこと。

　公式 HP によると 2007 年 8 月に当時、中国の副主席だった習近平も視察に来たそ

街中の車道は基本的に緩やかなカーブを描いている。

うだが、本人のコメントは特に表記されていない。

　百度百科の資料によるとテムズタウンの面積は100万平方メートル、戸数は1800戸、駐車場は650台分あるとされているが、重要なデータであるはずの街の人口が不明で、公式HPをざっと閲覧してもわからないのは住宅地としては欠陥があると感じた。

　実際にテムズタウンに足を踏み入れてみると、車道が緩やかな曲線を描いた構造になっていて、住宅地で車にスピードを出させない為のイギリス人の工夫なのだろう。しかし、噂以上に住宅に住民の気配がなく、街中を歩くのは非常に少ない住人と観光客（白人も目撃）、イギリスの近衛兵風の制服の警備員、工事関係者、ウェディングフォトの撮影スタッフとカップルくらいしか見られなかった。

イギリス風の建物が並ぶ。

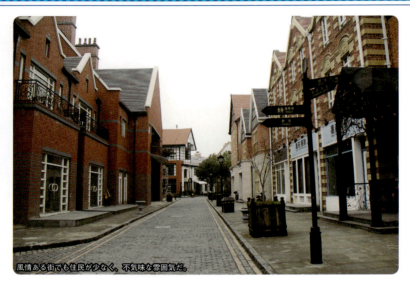
風情ある街でも住民が少なく、不気味な雰囲気だ。

　クオリティの高い銅像が多いのも特徴で、チャーチル首相、故ダイアナ妃、ワルサーPPK風の小型拳銃を構えている『007』のジェームズ・ボンドらしき銅像も撮影したが、ネット情報ではハリー・ポッターに似た像も存在する。

　廃墟モールの近くには立派な教会があり、ウェディングフォトの絶好のスポットになっている。ウェディングフォトを撮影する新婚夫婦が何組もいたが、文化大革命で悪名高い紅衛兵の衣装を着たカップルを目撃して驚いた。文革の10年間は中国の多くの伝統を破壊した人災なのだが、中国人にとって郷愁を誘うレトロな時代と捉えられているようだ。

　これだけ立派な住宅地がゴーストタウンになっているので、管理・維持費をどのように捻出しているのか知りたい。

立派な教会も設置されている。

故ダイアナ妃の像。

白人の訪問客も目撃。

おしゃれなトラムバー。

街全体は案外、清掃が行き届いている。

人は少ないが、荒んだ光景は多くない。

西洋建築だが、テナントは中国の足裏マッサージ。

近衛兵風の警備員。

ウェディングフォトの撮影現場を数か所で目撃。

ウェディングフォトの撮影に教会は欠かせない。　廃墟モール。

イギリスのような街並みだが、上海郊外だ。

レンガ造りの建物も多い。

数少ない住人のようだ。

チャーチル首相の像。

[007]のジェームズ・ボンド風の銅像。

ドイツ風ゴーストタウンはまだまだ拡張予定?

🏠 安亭新鎮

- 読 あんていしんちん
- 簡 安亭新镇
- 発 アンティンシンジェン
- A Anting New Town
- 📍 上海市嘉定区墨玉路 18 号
- 🚇 地下鉄 11 号線「安亭」下車。タクシーで中心広場まで移動がおすすめ
- ↗ 約 240 万平方メートル
- ¥ 無料
- 🕐 いつでも可
- 🌐 http://www.antingnewtown.com/
（閲覧するとピアノ曲が流れる）

　ドイツ風ニュータウンの安亭新鎮は前述のテムズタウンと同じく、上海への大量の人口流入に備えて上海郊外に 9 つのニュータウンを作る一城九鎮戦略に基づいて建設される。

　ドイツ人建築デザイナーのアルバート・スピアと AS&P（Albert Speer & Partner）社が安亭新鎮のデザインを担当している。周辺に上海インターナショナルサーキットやフォルクスワーゲンの工場があるのでドイツをイメージしたニュータウンとして計画された模様。

　2003 年頃に建設されたそうだが、上海の中心部から地下鉄 11 号線で約 1 時間と不便なアクセスが問題なのか、投機目的で購入されても人が住まないゴーストタウンとして知られている。

　安亭新鎮の敷地内は 200 棟以上の集合住宅で構成されていて、約 500 台分の駐

直線的なデザインの建物がほとんどだ。

車場も備えている。

　落ち着いた雰囲気のピアノ曲が流れる公式HPによると200種類以上の植物があり、新鮮な空気（郊外でもPM2.5とか問題ないのか？）や上海の都会の喧騒の中では得難い静けさを売りにしているが、住民が極端に少ない住宅地に騒音は発生しないだろう。安亭新鎮の具体的な人口は不明、つまり正直に表記できないようだ。

　筆者は2013年に訪問したのだが、安亭駅に到着すると不動産の広告ビラを配る集団に遭遇。駅周辺にはショッピングモールがあり、車の交通量もそれなりに多いのだが、駅から2、3kmくらい離れた安亭新鎮の中心広場に移動すると、世界一の人口を誇る中国とは思えないくらいに人が少なくて驚愕した。

　ドイツ人は直線的で機能性に優れた設計を好む傾向があり、安亭新鎮の建造物は

天主堂。

橋を修復するつもりはないのか？

一部、崩落した橋。

荒んだ廃墟のような光景。

シャープで丸みの少ないデザインが多い。しかし、無駄な装飾がなく、直線だけで構成された教会は「天主堂」の３文字がなければ恐らく教会とは認識できないだろう。

　中心広場はそれなりに掃除されているようだが、天主堂裏の池にはゴミが多く浮かび、一部崩落している橋があり、建築されてから10年くらい経過しているニュータウンとは信じられない光景だ。安亭新鎮ではウェディングフォト用のスタジオや撮影するカップルすら目撃できず、テムズタウンよりも絶望的な雰囲気である。

　公式HPによると2015年には「柏林映像」という集合住宅エリアを建造し、新たな区画も建設予定。住人不在のゴーストタウンの住居をこれ以上増やしてどうするつもりなのだろうか？　理解不能である。

突然現れる中国の日常風景に驚く。

人が極端に少ない中国の街は不気味。

あまり長居したくない雰囲気だ。

街中を走っている車が見られなかった。

住人の気配を感じられない。

信号は作動している。

無人の大規模な映画セットのような光景。

街の出入り口。

ほんの数km先のショッピングモールには利用客もいる。

超大型公園の国防教育区にある実物大の航空母艦

🏠 東方緑舟

- 読 とうほうりょくしゅう
- 簡 东方绿舟
- 発 ドンファンリュージョウ
- A Oriental Land
- 📍 上海市青浦区沪青平公路 6888 号
- 🚌 上海の人民広場から出発する沪朱高速专线（バス）で「朱家角汽车站」へ移動。「朱家角汽车站」から金泽、商塌方面へのバスに乗り、「东方绿舟」で下車。2018 年に上海軌道交通 17 号線が「上海虹桥」から「东方绿舟」まで開通予定。
- 📐 約 370 万平方メートル
- ￥ 50 元（約 800 円）
- 🕗 08：30 〜 16：30
- 🔗 http://www.ogb.com.cn/

実物大の航空母艦の模型は迫力満点！

艦橋に登れないのは残念だ。

空母の甲板作業員ごっこをする若者。

　上海市青浦区の淀山湖にある東方緑舟は青少年社会実践、団体活動、レジャー活動が一体化した国家4A級旅遊景区の超大型公園である。敷地面積は5600ムー（約370万平方メートル）と超ド級の広大さを誇り、中国でも最大の青少年校外活動営地というのも納得させられる。

　園内には17万平方メートルの芝生、11万本の樹木、500種類以上の植物が見られ、勇敢智慧区、生存挑戦区、科学探索区、体育訓練区、国防教育区等8つのエリアに分かれている。水上運動やバーベキュー等、様々なレジャーを楽しむ事が可能で、宿泊施設も完備している。

　この公園には国家生態旅遊示範区、中国上海国際修学旅遊中心、上海体験式拓展訓練中心、上海国防教育中心といった肩書があり、戦闘機や大砲だけでなく実物大の航空母艦の模型が展示されているのが最大の

艦の右舷の一部がガラス張りになっている。

特徴である。

　公式HPや百度百科で公開されている情報を調べても何年に開園したのか不明ではあるが、筆者は2002年にこの公園の前を通った際には園内の空母の存在を確認している。上海市中心部からはどのような交通手段でも最低1時間以上はかかり、アクセスはお世辞にも便利とは言えず、わざわざ訪問する上海在住の日本人は少ないと思われる。

　東方緑舟の入口近くの国防教育区にはミサイルや旧式の戦闘機が展示されている。池に浮かぶ実物大の空母は江沢民元首席の愛国教育の指導によって作られる。

　空母艦内の格納庫の大部分は重兵器陳列展示庁として本物の戦車、装甲車、高射砲、カノン砲、迫撃砲といった陸上兵器が展示。軽型兵器陳列体験庁には対戦車ロケット砲や機関銃を並べており、艦内は多くの学生

実物大の空母だけあり、広い甲板だ。

甲板にはヘリコプターも展示。

東方緑舟の入口付近。

昔のゲームのポリゴンを彷彿させる巨大オブジェ。

空母後部の入口。

空母は広大な敷地のほんの一部だ。

で賑わっていた。甲板には戦闘機やヘリコプターが展示されていて、空母の甲板作業員のポーズをしながら写真撮影をする若者を目撃。

筆者訪問時の2012年は旧ソ連の空母「ワリヤーグ」を改装した「遼寧」が就航した年でもあり、東方緑舟の実物大空母も中国の国威掲揚には役に立ったものと分析。甲板の側面には対艦ミサイルやファランクスも装備されていたが、艦橋部分は登れなかったのが残念だ。軍服を着用したスタッフに質問したところ人民解放軍の軍属ではなく、意外な事に民間人であると回答される。加強国防教育、履行国防義務といった国防を意識させるスローガンが表記されているが、建国以来、周辺の多くの国と問題・紛争を引き起こしてきた中国の本音が理解できる軍事教育施設である。

中国共産党の功労者を紹介するコーナー。

軽型兵器陳列体験庁。

大勢の若者が訪問していたが、修学旅行のようなものか？

対戦車ロケット砲も展示。

この日、空母の売店は営業していなかった。

レーザー銃で射撃体験。

軍服を着用したスタッフは民間人だ。

広大すぎて全貌がいまいち不明な公園。

潜水艦は閉鎖されていて残念。

人気温浴施設とゆるキャラをパクッた純日式温泉遊楽園

🏠 大江戸温泉物語

読 おおえどおんせんものがたり
簡 大江戸温泉物語
発 ダージャンフーウェンチュエンウーユー
📍 上海市宝山区場中路4066号
🚇 地下鉄7号線「場中路」で下車。駅の1号出口から徒歩数分。
¥ 168元（約2688円）
🕙 AM10:00〜翌日AM02:00
💻 特になし

　東京お台場の大江戸温泉物語は日本各地に展開している温浴施設で、外国人旅行客にも人気がある。しかし日本のマスコミを騒然とさせたのは、2016年12月21日に上海市で同名の施設がオープンしたことだ。翌日には日本大江戸側は「海外のいかなる企業・団体とも資本提携・業務提携等を行っておりません」「一切関係がございませんので、十分にご注意ください」と公式HPでもコメントしている。23日には上海大江戸側が提示した公認証明書には大江戸温泉物語株式会社（日本）は上海江泉酒店管理有限公司（中国）を香港とマカオを含む中国国内における温泉事業における唯一の公認ビジネスパートナーであることを証明する。かつ、両者の戦略的業務提携契約に基づく「大江戸温泉物語」の経営技術資産（ブランド名、商標、標識LOGO）を中国国内において使用できる

くまモンの後ろは熊本城のつもりなのか？

唯一の公認ビジネスパートナーであることを証明すると表記。上海大江戸側は日本の温浴施設に研修目的で職員を派遣し、日本大江戸側に対して、誤った内容を訂正するよう要求。これに対して日本大江戸側は「我が社が発行したものではない」と述べ、泥沼の展開が予想される。

　12月26日、こんどは熊本県が県の人気キャラクターの「くまモン」を許可なく使用していたとして使用中止を求める。筆者は2017年1月4日午前9時過ぎに上海大江戸へ訪問したのだが、地下鉄7号線の駅からすぐ近くで、アクセスは非常に便利だ。施設の外観、商標、ロゴからすると本物と間違えてしまうクオリティだ。

　筆者を外国人と判断したスタッフが英語で話しかけ、「営業は午前10時からです」と説明。笑顔で対応してくれた点からするとしっかり教育が行き届いているようだ

開業一か月未満で壊れている橋。

浮世絵が壁に飾られている。

ロゴや施設名も本物とそっくり！

一部、工事中。

が、閉店は午前2時とのことで、日本大江戸側とは異なり宿泊はできないようだ。問題のくまモンは入口に4体確認され、くまモンと自撮りしているおばちゃんもいた。施設内の売店ではドラえもんやハローキティグッズといっしょにくまモン人形も販売している。入口で渡されるブレスレットがないと靴箱が開けられないシステムになっていて、入浴料や食事の代金はブレスレットのICチップに記録され、精算は最後にフロントで支払う。イラスト入りの注意事項で更衣室や浴槽では撮影禁止と説明されていたのは理解できる。しかし刺青やタトゥーをした人間は入浴できないとも説明されているのだが、背中に立派な刺青を入れた男性も堂々と入浴し、その後は上半身裸で家族と食事をしている姿を目撃。完成したばかりの施設なので浴槽はきれいなのだが、温泉特有の硫黄などの臭いは感じ

完成したばかりなので、かなりきれい！

なかった。上海近郊は温泉が湧き出ない土地柄らしい。浴槽内は七福神と吉祥天にちなんだ名前の浴槽や露天風呂があり、福禄寿の風呂は金運上昇の効能を謳っていたが、説明文を読むと「禁運上昇」と表記された誤植を発見。注意書きの「お台場」となっているべき文字が「お大場」と誤記されていたりして、施設の責任者はこういった部分にも目を通してほしい。2階の漫画天地の棚の漫画はほとんどが日本の作品だ。全巻そろっていた『鋼の錬金術師』を眺めると、しっかり訳がされた正規版のようだ。食堂ではラーメンや焼き肉といった日本風の料理が提供され、日本風の宴会場や児童が遊ぶスペースも用意されている。実際に訪問すると意外と褒めるべき点もあるが、首をかしげざるを得ない部分もあり、今後どのように展開するのか注目したい。

本物と間違えるクオリティかも。

どうやって楽しんだらいいのか不明なお城。

くまモンやハローキティのキャラグッズ販売中!

10名以上の上海のおばちゃんが開店時間を待っていた。

更衣室。

お客さんはくまモンと記念撮影を楽しんでいた。

2階の食堂では日本風のラーメンや焼き肉を提供。

漫画天地の漫画は部屋の外へ持ち出し禁止。

漫画天地の棚の漫画の大半は日本の作品。

棚の『NARUTO』はたぶん正規版。

おしゃれな雰囲気の喫茶店。

抗日ドラマを放映している国とは思えない（笑）

チキンの照り焼き定食で味噌汁くらいほしい。

休憩室の各シートにはモニターが標準装備。

サザエさんのイラストが見える。

日本を紹介する中国の雑誌『知日』が凄い!!

　中国の遊園地で日本の漫画やアニメのパクリキャラ溢れる光景を眺めていると、中国における日本産コンテンツの需要＝愛について驚くばかりだ。今、中国の書店では日本の文化に注目する月刊誌『知日』が売れているそうだ。2011年に創刊された『知日』は毎号1つのテーマを掘り下げるスタイルで、「明治維新」「鉄道」「怪談」「富士山」「漫画」といった多岐に渡る日本文化を紹介している。雑誌をまとめる蘇静編集長や主筆の毛丹青教授の視点も唸らせるものがあり、徹底したリサーチや日本人クリエイターの協力も評価したい。本項では筆者の観点で特にインパクトの強い特集号を紹介したい。

『知日』15　漫画

通常の『知日』2冊分のページ数という厚さを誇っている時点で制作スタッフの気合を感じる。編集長のコメントによると、月刊誌にも関わらず半年以上時間をかけて制作したとのこと。中国の雑誌は左開きなのだが、この特集号は例外的に日本の漫画をリスペクトして右開きになっている。見開きの日本漫画発展年歴の最初は12世紀の鳥獣人物戯画や江戸時代の北斎漫画といった作品から解説されていて、芸が細かい。手塚治虫、藤子・Ｆ・不二雄、鳥山明、高橋留美子といった有名な漫画家や筆者の主観では少々マイナーでも評価の高い漫画家の作品や経歴が紹介されている。鳥取県の水木しげるロードといった日本各地の漫画に関するスポット紹介のページには現地のキャラクター像の写真も掲載されていたりする。漫画特集号は12万部売れたそうだが、幸運にも筆者は東京の神田にある東方書店で購入。日本国内でも『知日』はネット通販で入手可能だ。

『知日』11 犬

巻頭の文章には編集長の周辺で秋田犬や柴犬を飼育する人が増えていると述べられている。筆者も北京の郊外にある狗市場で日本犬を販売する店舗を目撃したので、中国でも日本犬の需要が高まっているようだ。見開きは日本犬分布地図及び注釈となっていて、とてもわかりやすい構成になっている。ページをめくると日本人と犬との関わりの歴史が縄文時代から紹介されていて、編集者の真摯な取り組みが理解できる。漫画作品の中の犬キャラについては『銀牙 流れ星 銀』や『クレヨンしんちゃん』といった作品からも登場。思わず頬が緩むブルドッグの写真や盲導犬についての情報まで掲載されていて日本の犬事情を知らない中国の読者でも十分、理解できるだろう。こうなると『知日』05の猫特集号も気になるのだが、こちらは10万部以上完売して入手できない。是非、再版していただきたい！

『知日』26 機甲

機甲＝メカ特集号で、『鉄人28号』や『新世紀エヴァンゲリオン』といった日本のロボットアニメ作品が熱く語られ、この分野の「先頭を切る開拓者」として『マジンガーZ』の作者の永井豪についても解説されている。魅力満点のプラスチックモデルとしてガンプラのHG版ZZガンダム製作の58工程が写真付きで公開されているページにも驚きだ。漢字表記さえなければ日本のホビー雑誌と言われてもおかしくないクオリティで、ガンプラ製作に必要な工具や塗装のテクニックなど細かい部分まで説明され、中国のガンプラ人気の一端が垣間見える。『機動戦士ガンダム』の生みの親の富野由悠季（とみのよしゆき）監督のインタビュー記事はモビルスーツのスーツつながりなのか『知日』創刊2号の制服特集号に掲載されている。

『知日』27 萌

日本の「萌え」について切り込んだ特集号。見開きの美少女萌えキャラ年表には2002年から2013年を代表するアニメから『カードキャプターさくら』の木之本桜や『魔法少女まどか☆マギカ』の鹿目まどかといったキャラがピックアップされている。インスタグラムで大人気の柴犬まるも登場し、「世界一有名な柴犬」のかわいさには犬好きでなくても悶絶必至。ハローキティや初音ミクのようなストレートな萌えキャラだけでなく「セーラー服おじさん」こと小林秀章氏の写真やインタビュー記事も掲載。彼自身がセーラー服を着たきっかけは「横浜のラーメン店で30歳以上の男性がセーラー服で来店したらラーメン1杯無料という企画があったので」とコメントしていた。『美少女戦士セーラームーン』の変身シーンに憧れた中国人女子留学生が秋葉原のメイドカフェ「めいどりーみん」でのアルバイトの経験をまとめたレポートも秀逸で、中国でもメイドカフェが注目されているようだ。

『知日』32 太宰治

中国でも日本の文学は人気があり、川端康成や村上春樹といった小説家も知られている。『知日』32号では太宰治特集になっていて、それだけ知名度が高い作家なのだろう。見開きでは太宰の来歴や5度の自殺事件、人間関係（井伏鱒二との師弟関係、檀一雄との交友、奔放な女性関係など）も紹介されている。太宰は『女生徒』のような女性独白体の作品も多く執筆しているが、筆者が意外に思ったのは太宰の実験的とも言える豊富な文体（『創世記』における対談体、『惜別』における手記体、『お伽草子』における翻案体など）も注目されていた事だ。太宰の代表作の『人間失格』もカバーイラストを漫画の『DEATH NOTE（デスノート）』の小畑健が手掛けた事で若者にも人気が出たと述べられている。

『知日』34　完全笑点説明書

日本の「お笑い」についてまとめた特集号。表紙に登場した二代目林家三平は英語、中国語でも落語を披露する人物としてインタビュー記事が掲載されていた。脚本家の三谷幸喜のコメディ作品も中国の若者から人気があり、『知日』と『AERA』の記者から同時に取材を受けていたり、明石家さんまやダウンタウンといった芸人や長寿番組の『笑点』も紹介されていたりする。筆者が驚いたのはドッキリ番組やギャグ漫画の視聴者や読者を笑わせる技術の説明で、日本の書籍や雑誌で体系的に解説される機会は意外と少ない気がする。『魁!!クロマティ高校』のナンセンスギャグや『さよなら絶望先生』のツッコミ、『銀魂』の言葉遊びといったギャグ漫画のテクニックについては、海外で翻訳されると言語の壁を越えてニュアンスがどこまで伝わるのか不明だ。しかし『知日』は日本の紹介の仕方にこれまでの中国の雑誌にはなかった斬新さを感じさせる。

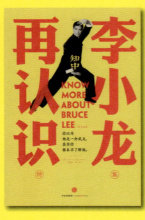

『知中』002　李小龍再認識

蘇静編集長が手掛ける中国を知る雑誌『知中』の創刊第2号は李小龍＝ブルース・リーの特集号だ。偉大なカンフースターの生い立ち、師匠、弟子、出演した作品についての説明も面白いが、「二次元世界」のブルース・リーの記事も必見。対戦型格闘ゲームならカプコンの『ストリートファイター』シリーズに登場するフェイロン、バンダイナムコゲームスの『鉄拳』シリーズのマーシャル・ロウは格闘スタイルや特徴がブルース・リーと酷似しているし、漫画では『北斗の拳』のケンシロウ、『NARUTO』のロック・リーも影響を受けていると解説。実際は日本の漫画だけでもブルース・リーを参考にしたキャラクターはもっと多く存在するが、ページの都合で紹介しなかったのだろう。筆者としては『夜の上海』という映画で俳優の竹中直人が披露したブルース・リーのものまねの話も追記してほしかった。

　書籍の流通体制が日本ほど整っていない中国において、『知日』が毎月5万部〜10万部売り上げている実績はすごい事らしい。日本人が普段意識しない事柄もまとめてあり、図解もわかりやすいので正直、日本語版バージョンも出版してほしい。中国の若者がここまで深く日本の文化を知ろうとする姿勢に嬉しくなる反面、日本の若者が中国の良い点、悪い点、真の姿を知ろうとしない事には不安を覚える。

ライオンのオリジナルキャラと東方のディズニー

🏛 蘇州楽園

- 読 そしゅうらくえん
- 簡 苏州乐园
- 発 スージョウローユェン
- A Suzhou Amusement Land
- 📍 江苏省苏州市虎丘区长江路 397 号
- 🚇 地下鉄 1 号線「苏州楽园」下車。市内各所から路線バスあり
- ↗ 約 54 万平方メートル
- ¥ 160 元 (約 2560 円)
- 🕘 09：00 ～ 17：00
- 🔗 http://www.szal.cn/

江蘇省蘇州市にある蘇州楽園は 1997 年に開園した国家 4A 級旅遊景区のテーマパークである。コンセプトは「東方のディズニー」で、西洋の遊園地の活発さと、東洋の庭園の静けさ、自然の風景を融合させたテーマパークとして全国的に有名で、園内には欧米タウン、カリビアン・ベイ、未来世界、ハワイアン・ベイ、スーディ王国、獅山奇観などのエリアに分かれている。蘇州楽園発展有限公司が経営母体で、こちらの会社は蘇州新区経済発展集団総公司、上海東方電視台、香港新華銀行、香港金寧有限公司、香港中旅建築有限公司が共同投資した中外合資企業である。

アクセスは非常に便利で、蘇州軌道交通（地下鉄）1 号線蘇州楽園駅の目の前にある点は評価したい。

敷地内には雄のライオンが寝そべったような形状の「獅子山」にちなみ、マスコッ

トキャラはライオンのスーディ（ディズニーキャラ風）。公式HPでは、蘇州楽園の獅子王リオ17世とリオナ王妃の子供がスーディ王子とスーフェイ王女であり、ストーリーも紹介されているのは立派。しかし、本物のライオンの雌にはないタテガミらしき毛がスーフェイ王女にあることにはツッコミを入れておきたい。

　上海近くの蘇州はめったに雪が降らない地域なのだが、筆者訪問時は珍しく積雪。欧米タウンはヨーロッパの街並みをイメージして作られているのだが、なぜか超人ハルクのオブジェが出現。上半身裸なのにうっすら雪が積もっていてとても寒そうである。

　このエリアに千富ラーメンの店舗があってもさほど驚かないが、看板に描かれていたのはサムズアップした『パチンコ吉宗』のキャラだったので、いろんな意味で理解

さすがに超人ハルクも寒そうだ。

『パチンコ吉宗』のキャラがいる理由が不明。

蘇州の積雪は珍しい。

B級感を放つUSJのジョーズ風オブジェ。

トイレ前で戦うジャック・スパロウとウィル・ターナー。

に苦しむ。

　カリビアン・ベイにはUSJのジョーズのオブジェもどきがぶら下がっていたが、基本的な方向性はディズニー映画『パイレーツ・オブ・カリビアン』のパクリで、主人公のジャック・スパロウのオブジェを数体確認。トイレの前ではジャック・スパロウとウィル・ターナーが剣を交えていたが、東方のディズニーを目指すのはいいが、パクリはダメだろう！

　あまりうまくパクリきれていない作中のブラックパール号（黒珍珠号と表記）も発見。

　園内の古代ローマ風建造物の前でウェディングフォトの撮影をするカップルがいたが、スタッフはダウンジャケットを着用して撮影をする中、新婦は手足が露出していた衣装で震えていた。寒い環境にも関わらずチャレンジする情熱に驚くばかりであ

る。
　積雪の為か園内のアトラクションは軒並み休止状態で、ファーストフード店のスーディバーガーキングなどといった飲食店もほとんどが閉店。
　獅子山に掲げられた「蘇州楽園　歓楽世界」の看板はハリウッドの真似事と思われた。ロープウェーで獅子山に登ってみたが、山頂からの展望はすばらしいのだが手すりが少ない尾根伝いの道に雪が残っていて、非常に危険。
　児童向けの巨大な野菜や蟻のオブジェはいいのだが、スーディ王国のアニメ調ライオンオブジェもディズニーを意識しすぎた作風で、もう少しオリジナリティがほしいところだ。
　中国のテーマパークにはよくあることだが、蘇州楽園の入場ゲート付近には屋台が並んでいて、「川味狼牙土豆」というピリ

古代ローマ風の建造物。

ジェットコースターは積雪の影響か運休。

園内のブラックパール号の再現度は絶望的。

マイケル・ジャクソンのオブジェのつもりなのか？

ウェディングフォトの撮影に最適のエリア。

ハローキティのキャンディショップ。

辛のフライドポテトは寒さで凍える体を温める沁みる味わいだった。

　訪問時が年末と寒さの為、来園者が非常に少なく感じた。しかし蘇州は長い歴史を持つ都市であり、拙政園など国家5A級の有名な庭園が複数ある観光地だ。近年の蘇州楽園は年間400万人以上の来園者を呼び込む集客力のあるテーマパークで、入場料金で3億元（約48億円）近くの収入を稼いでいるとのこと。

巨大ブランコのスカイコースターは稼働していた。

MAXハイテンションのライオンキャラ。

サバイバルゲームのフィールドの屋根。

巨大なアリと野菜のオブジェ。

ディズニーを意識した園内オリジナルキャラ。

ゲート前の屋台で買ったピリ辛フライドポテトは絶品。

世界遺産・退思園に隣接するセックスミュージアム

🏠 中華性文化博物館

読 ちゅうかせいぶんかはくぶつかん
簡 中华性文化博物馆
発 チョンホワシンウェンホワブォウーグァン
A China Sex Museum
📍 江苏省苏州市吴江区同里镇新填街南濠弄
🚌 蘇州北広場バスターミナル、蘇州北バスターミナルから同里行のバスに乗る。同里のバスターミナルから退思園を目指して徒歩か輪タクで移動。
↗ 約5200平方メートル
¥ 20元 (約320円)（同里の古鎮への入場料が別途100元 (約1600円) 必要）
🕐 07：30～17：30
🌐 http://www.chinasexmuseum.com

江蘇省蘇州市郊外の同里は風光明媚な江南水郷の古鎮として知られている。町内の世界遺産の「退思園」の東に隣接するのが中華性文化博物館で、エロについての規制が厳しい中国では性をテーマにした博物館はかなり珍しい。

私立の同博物館は1995年に上海の郊外・青浦にて開設され、その後は上海の南京路歩行街付近や上海武定路と移転を繰り返し、2004年4月に現在の場所で開館。同博物館の敷地の前身は中国の近代において最も早く作られた女子学校の1つとされる麗則女校だ。

館内には中国数千年来の古代性文化の実物、彫像、図画、書籍等2000点以上を展示している。内容は原始社会中の性、婚姻、日常生活中の性、特殊領域中の性といった分野、太古の性崇拝、宗教や外国の性文化についての説明もされていて、参観者の

お爺さんの頭頂部が亀頭になっている。

同里は江南水郷の古鎮。

中華性文化博物館の入口。

70%は外国人とのこと。

　横浜の中国珍宝館（すでに閉館）の館長・深沢俊太郎氏が顧問を担当し、中国の春宮画や日本の浮世絵の春画を寄贈している。

　アクセスは蘇州北広場バスターミナルからならバスで同里まで約50分。蘇州同里の古鎮そのものへの入場料100元（約1600円）で退思園といった観光地を見学できるが、同博物館見学には20元（約320円）追加が必要。敷地内に入ると最初に目にするのは「体の中で縛られない部分」というタイトルの巨大な男根を屹立させた現代アートの彫像だ。

　第一展区は露天に性文化の石像が並び、明代の祖父と孫というタイトルの像は老人の頭が大きな亀頭になっている。男女の性交の像もあれば、獣姦の像も展示。レリーフには性交の場面をのぞく若い女子の姿も見られる。残念ながら館内は撮影禁止。

男女の営みを覗く女性の顔が見える。

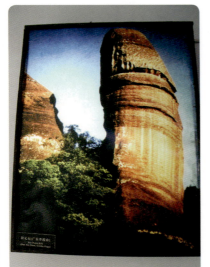
広東省の丹霞山に屹立する巨岩の写真。

　古代の「陰陽合一」の概念の説明や性に関する像、道具が展示され、5000年以上前の男女の交わりの陶器像も見られる。
　第二展区には人類社会の婚姻と家庭の起源と変化について解説され、古代の性教育に関する道具や纏足、性具といった展示がされている。中国の春宮画は男女の性交の様子を写実的に描き、日本の浮世絵の春画は男女の性器をデフォルメして巨大に描く傾向が強く、それぞれ比較すると違いがはっきりしていて興味深い。学術的に貴重な展示物が多い真面目な博物館といった印象だ。
　日本でも性をテーマにした「秘宝館」はかつて20以上存在したが、ほとんどが閉館している。中華性文化博物館も性をテーマにしているので、人民政府の政策の変化次第では今後の運営状況もどうなるか不明なので、早めに訪問することを勧める。

すごく…大きいです…

像のタイトルは「体の中で縛られない部分」

ヨーロッパ風オープンセットを再利用した公園

🏠 蠡湖中央公園

- 読 れいこちゅうおうこうえん
- 簡 蠡湖中央公园
- 発 リーフーチョンヤンゴンユェン
- A Central Lihu Park
- 📍 江苏省无锡市环湖路1881号
- 🚌 無錫駅前から出発する20路、98路、211路のバスに乗り、「蠡湖中央公園」で下車
- ↗ 約20万平方メートル
- ¥ 無料
- 🕐 24時間開放
- 🚻 特になし

　江蘇省無錫市にある蠡湖中央公園の前身は「欧洲城」で、中央電子台無錫太湖影視城の建設プロジェクトにおける重要なスポットとされ、当初は撮影用のオープンセットだった。

　園内には凱旋門やストーンヘンジといったヨーロッパの有名建築を設置して異国情緒溢れる観光地としても運営されていたが、具体的な時期は不明だが閉鎖される。2002年から改造工事が行われ、2005年に現在の蠡湖中央公園として開園。一部撤去されたものの、基本的な建造物は残されている。

　公式HPの存在は不明だが、百度百科には敷地内にディズニー橋（迪斯尼桥と表記）があり、橋の欄干には白雪姫と七人の小人の像があると説明されているのだが、ディズニーはアメリカ文化ではないのか？

　無錫市は人口600万人以上で2014

ゼウス神殿の中はシンプル。

人魚姫の像の草も刈ってほしい。

水路を掃除する気はないようだ。

年には2本の地下鉄も開通している。風光明媚な観光地としても知られているが、百度百科には同公園は昼間でもとても静かで人が多くないとも説明されている。

　実際に筆者が訪問すると観光客の姿は多くないどころかほぼ皆無であり、「外国の有名建築を再現」という中国のテーマパークではありがちなコンセプトは無錫市民には需要がないのだろう。

　オリンピアのゼウス神殿はギリシャのアテネにある遺跡なのだが、蠡湖中央公園にも再現されている。本物には残されていない屋根まで作られているが、内部の柱はコリント様式ではないどころか、装飾すらない直方体となっている。

　同園の見どころの一つの欧州街はメンテナンス不足なのか壁もボロボロだ。集まっている人間は民工（地方からの出稼ぎ労働者）のようだ。欧州街の建物の2階には

北欧の木造教会のレプリカ。

来場者が非常に少なく、哀愁を帯びた凱旋門。

ディズニー橋の白雪姫。

洗濯物やぶら下がった唐辛子が干されていたが、観光地のはずなのに民工が居住空間として利用しているようだ。欧州街の奥にはディズニーの白雪姫や七人の小人の塑像が欄干に並んだ橋があるが、名称はサムソン橋（萨姆松桥と表記）となっていた。園内の水路にデンマークにある人魚姫の像も現れたが、周辺は枯草だらけ。基本的に冬場の園内の水路は掃除されていないようだが、それでいいのか？

　海底世界という水族館は童話に登場する西洋風の城のような外観なのだが、百度百科での説明によると内部はとても狭いとのこと。しかし凱旋門の仕上がりは壁の彫刻も含めて結構がんばっていると評価したい。公園としてまともに遊ぶなら2kmくらい離れた場所で観覧車もある「蠡湖公園」をお勧めしたい。

要メンテナンスの欧州街。

部屋の中に洗濯物と唐辛子がぶら下がっている。

ウェディングフォトの撮影風景。

中国最古の巨大エアコン装置も再現した撮影所

🏠 無錫唐城

読 むしゃくとうじょう
簡 无锡唐城
発 ウーシータンチャン
A Town of Tang Dynasty
📍 江苏省无锡市滨湖区大浮山央视无锡影视中心内
🚍 無錫駅の東広場から82路の路線バスに乗り「唐城」で下車
↗ 約15万平方メートル
¥ 65元(約1040円)
🕐 07:30〜18:00
🌐 http://www.ctvwx.com/
(中国视伝媒無錫影視基地のHPで日本語の表記もあり)

　江蘇省無錫市にある無錫唐城は唐の時代をテーマにした中央電子台無錫外景基地(撮影所)および国家3A級旅遊景区の観光地である。

　中国视伝媒無錫影視基地のHPによると1991年に開園。無錫唐城の敷地面積は約15万平方メートルなので、付近にある後述の無錫三国城・水滸城(国家5A級旅遊景区の同系列の撮影所)と比べるとそれほど広いとは感じない。

　筆者は元旦に訪問。日本とは異なり旧正月を重んじる中国でも元旦は休日である。しかし園内には筆者以外の観光客は一人も見かけなかった。入口のスタッフは「他の撮影所のような表演(催し物やパフォーマンス)はありません」と説明(百度百科によると現在は催し物があるとのこと)。園内のツーリスト・センターにスタッフ不在というのも問題だろう。撮影所でも国家

客はいなくても撮影スタッフを大勢目撃。

3A級と5A級旅遊景区では、越えられない壁のような格の違いがある。しかし元旦早々、園内の唐街という区画で時代劇の撮影が行われていた点は評価したい。

　撮影用の衣装を着用したエキストラや撮影スタッフを含めて60名以上は打ち合わせをしていた。観光地としては集客力が低いものの、撮影所としては立派に機能している模様。

　園内には中国最古のエアコンを資料に基づいて再現した直径18メートル、重さ10tの巨大水車がある。水車でくみ上げた水を管に通し、沈香亭という建物の屋根にかけて温度を下げる仕掛けらしい。しかし軸の部分に錆が目立ち、適切なメンテナンスはされていないようだ。

　唐宮は長安城の大明宮を再現した建造物なのだが、正面から眺めると立派でも側面はしっかり作りこまれていない点は残念

それほど広い施設ではない。

巨大水車は錆が目立つ。

だ。唐宮の内部は当時の様子が再現されており、皇帝や女官の衣装をレンタルして撮影も可能。貸衣装の女性スタッフはよほど客がいないのか、本当にヒマそうだったのが印象に残っている。

　唐宮の外に目を向けると、それほど広くないスペースと城壁のすぐ向こう側に高級そうな住宅地がズラリと並んでいた。時代劇の撮影時に住宅地が見事に景観をぶち壊すことになるが、いいのだろうか？

　無錫唐城の集客力、メンテナンス、作りこみ、景観といった点にツッコミを入れてみたが、反面、時代劇を撮影できる中国のテレビ業界は羨ましいと言いたい。

　日本の時代劇の低迷ぶりはひどく、民放は夜のゴールデンタイムに時代劇をほとんど放映しなくなって久しい。次の世代に文化として継承されないのではないか？と筆者は本気で心配している。

城壁の後ろに住宅地の屋根が並び、景観を破壊。

唐宮の側面は当時の様子が再現しきれていない。

正面から見ると唐宮は立派。

城壁の外の住宅街。

東方のハリウッドと称えられる映像製作基地

🏛 無錫三国城・水滸城

- **読** むしゃくさんごくじょう・すいこじょう
- **簡** 无锡三国城・水浒城
- **発** ウーシーサングォチャン・シュイフーチャン
- **A** Town of Three Kingdoms and Town of Water Margin
- 📍 江苏省无锡市滨湖区山水西路
- 🚌 無錫駅の東広場から82路の路線バスに乗り「三国城」もしくは「水滸城」で下車
- 📐 三国城35万平方メートル・水滸城36万平方メートル
- ¥ 三国城90元（約1440円）水滸城85元（約1360円）。共通券150元（約2400円）
- 🕐 07:30～18:00
- 🌐 http://www.ctvwx.com/
  （中国视传媒无锡影视基地のHPで日本語の表記もあり）

　江蘇省無錫市にある無錫三国城・水滸城は国家5A級旅遊景区の中央電子台無錫外景基地（撮影所）および観光地で、『三国演義』『水滸伝』や金庸の武侠小説が原作の『射雕英雄伝』といった多くの時代劇や映画の撮影を行っている。この2つの施設は隣接しているので、共通券を購入して見学することをお勧めしたい。

　三国城は1994年に開園した三国志の時代をテーマにした撮影所で毎年300万人以上の来場者が訪れるだけあり、休日ともなると閉園時間前後の路線バスは無錫市内に戻る観光客でごった返す。

　5A級の観光地ということもあり、園内で行われるパフォーマンスも多い。中でも「三英戦呂布」（三国志の虎牢関の戦いで劉備・関羽・張飛が呂布と戦う場面）のパフォーマンスが好評で、鎧を着用したスタッフが馬に乗って当時の戦いを再現し、

当時の船も再現されている。

馬だけでも40匹以上も動員している。中国の時代劇は日本のものよりも馬に乗る戦闘シーンが多いので迫力があり、この点は素直に評価したい。中国のトップクラスの女優でも演劇学校では馬術の手ほどきを受けていて、馬に乗れないと時代劇に出演できない。

敷地面積約35万平方メートルの三国城内には三国志で有名な赤壁の戦い関連の施設が多く、諸葛孔明が東南の風を祈祷した七星壇、曹営埠頭、呉営埠頭、呉王宮、甘露寺といった建造物を再現している。太湖の景色を使って当時の埠頭を再現し、呉営埠頭からは太湖遊覧船も運航されている。

中国の観光地ではよく見られる光景なのだが、呉王宮内では皇帝や女官、武将の衣装をレンタルして撮影も可能。

筆者が2004年に初訪問した際には、甘露寺にて「電子念仏機」を購入。この機

三英戦呂布のステージ。

当時の攻城兵器も展示。

呉王宮の門。

撮影用の埠頭が2か所ある。

レンタル衣装で記念撮影。

械は『見仏記3』(いとうせいこう著・みうらじゅん画)でも紹介されていて携帯ラジオのように小さく、スイッチを入れるとナ〜ムア〜ミィタァ〜フゥ〜(南無阿弥陀仏の中国語)とエンドレスで読経が流れるキッチュなアイテムだ。最近の電子念仏機は数種類の読経が収録されており、日本国内でも海外通販などで購入できるが、中国や台湾の寺院に行く際は土産物店で探すことを勧めたい。

　火焼赤壁の特撮場では曹操軍の船が連環の計で炎上するシーンのパフォーマンスも行われる。城内各所に三国志の登場人物の銅像が設置されているので、三国志ファンならばチェックしておきたい。

　水滸城は1996年に時代劇の『水滸伝』が撮影され、1997年に観光地として正式に開園。水滸城内は州県区・紫石街、京城区・清明上河図街、梁山区・忠義堂の3

宋王朝の街並みを再現。

つのエリアに分かれ、宋王朝の街並みや皇宮、寺院、城壁、監獄といった施設が再現されている。

水滸城は2001年に放映されたNHK大河ドラマ『北条時宗』の海外ロケ地の1つでもある。この作品は元寇を題材にしていてモンゴル帝国や皇帝のフビライ・ハンの描写が必要であり、城内のオープンセットが使用される。

筆者訪問時の元旦にも関わらず、城内では役者が当時の衣装とジャンパーを羽織って移動していたので撮影が行われていた模様。城内で行われるパフォーマンスも多く、水滸伝にちなんだ演目や雑技が行われている。

「東京」と表記されている城門が存在するが、これは宋の時代の「東京開封府」であり、現在は河南省開封市となっている。無錫三国城・水滸城ではセットの作りこみ

元旦でも撮影スタッフは忙しそうだ。

中国の時代劇の攻城シーンも撮影できる！

も立派で、周辺に景観を破壊する建造物が見当たらない点もポイントが高い。

　公式HPに「東方のハリウッドと称えられている」と自賛するだけあって中国でもトップクラスのテーマパークで、パクリキャラは目撃されなかった。

東京開封府の城門。

当時の農村も再現。村内には現代的なトイレもある。

当時の牢獄も再現。

仰天！ 遊園地のパクリキャラグッズ2!!

　前巻に引き続き遊園地のパクリキャラグッズ特集の第2弾！ 華中地方の遊園地や街中にもやっぱりディズニーや日本原産の見覚えのあるキャラクターグッズが溢れていた!! 中にはしっかりライセンスを取得して商品を販売するケースもあり、以前よりも本物のディズニーグッズも増加しているようだが、本項では版権的に怪しそうなグッズを紹介してみたい。完璧ではない部分に愛着すら感じるのだが、どうしてこうなった？

街中の屋台の射的ゲームで入手した偽ミニーマウス（まつ毛があるのでミニーと判断した）。よく観察すると瞳の部分からまつ毛が生えていて、本物にはありえない手抜き加減にびっくり！ 採取場所：荊州市の屋台

『ポケットモンスター』のピカチュウの特徴を備えているのだが、全体のフォルムに違和感を覚える。ポケモンではなくてパチモン。撮影場所：錦江楽園

『ドラえもん』の著者の藤子・F・不二雄はSFを「すこし・ふしぎ」と表現していたが、ドラえもん型バブルガンのふしぎ度は少しどころではない。
撮影場所：蕪湖方特歓楽世界

ゲームセンターで発見したハローキティらしきグッズの足の裏には「Hello Baby」と表記。サンリオの激怒不可避!! 撮影場所：錦江楽園

元ネタは『Dr.スランプ アラレちゃん』のうんち指し棒と『シティーハンター』のヒロイン・槇村 香（まきむら かおり）が振り回す100tハンマーのようだ。
撮影場所：蕪湖方特歓楽世界

筒に入っているのはラムネ系の菓子らしく、ドラえもんの側頭部に巨大なヘッドホン状の物体が付属されている。子供向けの玩具なのか左右に振るとブヨブヨと変な音が発生。撮影場所：武漢歓楽谷

『Dr.スランプ アラレちゃん』に登場する帽子の「ARALE」の文字を「HAPPY」にしただけのパクリグッズ。これはひどい……。撮影場所：武漢歓楽谷

『ファインディング・ニモ』に登場する熱帯魚のような雰囲気を感じさせるバブルガン。
撮影場所：蕪湖方特歓楽世界

中国人は凧揚げも大好きなので、街中でも様々な形状の凧が観察される。しかしドラえもんはタケコプターで飛ぶものではないのか？撮影場所：荊州市の東環路

『名探偵コナン』の江戸川コナンの偽物が大変なことに！眼鏡だけでなく、カツラもズレているぞ‼
撮影場所：武漢市の街中

Blizzardのゲームの世界観を
丸パクリのテーマパーク

🏠 嬉戯谷

- 読 きぎだに
- 簡 嬉戏谷（环球动漫嬉戏谷）
- 発 シーシーグー
- A Joyland（World Joyland）
- 📍 江蘇省常州市武进区太湖湾大道1号
- 🚌 常州駅の北広場・交通枢紐点から「嬉戏谷景区」への直通バスあり。無錫駅から「嬉戏谷景区」への直通バスあり
- ↔ 約74万平方メートル
- ￥ 230元（約3680円）
- 🕘 11月〜2月：09：30〜16：30
  3月〜5月、9月：09：00〜17：00
  7月〜8月：09：00〜22：00
- 💻 http://www.ccjoy.cn/joylandweb/main.html

ゲートを守る戦士とモンスター。

『ウォークラフト』シリーズのオーク族に似ている？

ファンタジー系ゲームをイメージさせる。

　江蘇省常州市にある嬉戯谷は2011年に開園した「アニメとゲームのテーマパーク」である。「国家4A級旅遊景区」は当たり前だが、「中国少年児童動漫（アニメ）活動体験基地」「全国電子競技（e-Sports、ゲーム競技）運動基地」「中国創意産業最佳園区」「韓国遊戯文化交流中心」「江蘇省科普教育基地」などの他のテーマパークとは一線を画す称号があるのも特徴だ。また、コスプレイベントにも力を入れているのか、開園式の際には1562名のコスプレイヤーが集結し、参加人数最多のコスプレイベントとしてギネス認定もされている。
　アクセスは不便で、常州駅からタクシーで50分、約40kmという距離。バスで行った人の情報では、常州の中心部から朝9時に乗ったバスが1時間経っても現地に到着しないとか、隣の無錫市の中心部から約25kmと常州駅よりも近いとか、いく

氷を操る魔法使いキャラ。

マッチョな肉体の獣人キャラ。

ら風光明媚な太湖沿いでも立地条件に問題ありと言いたい。その為だろうか、筆者は12月31日の午後に訪問したのだが、中国のテーマパークは冬季の集客率がやたらと低いのか、来園者は20名いたかどうか……。

日本では知名度が低いのだが、アメリカのBlizzard社のオンラインゲームの『スタークラフト』や『ウォークラフト』は世界的には有名な作品だ。筆者が事前に入手したネット情報では嬉戯谷はBlizzardのゲームの世界観をパクったテーマパークということだったが、英雄門という名の入場ゲートをくぐっていきなり漫画の『ONE PIECE』風の絵柄のキャラの看板があり、驚いた。

淘宝大街というショッピングストリートにはドラえもんやハローキティ、スヌーピーなどのグッズショップが並んでいた

『スタークラフト』の建造物のパクリ。

こちらも『スタークラフト』の建造物に酷似。

「ドラえもん」のキャラグッズは正規品かもしれない。

手抜き具合がたまらないハローキティ。

ドラえもんも踊りだす。

が、クオリティからするとたぶん正規品と判断した。

　淘宝大街を抜けると、精霊湖を囲むように各エリアに分かれている。「迷獣大陸」というエリアは『ウォークラフト』（例えるなら、ロード・オブ・ザ・リングのようなファンタジーな世界観）のキャラに類似したオブジェが並んでいて、プレイした者ならば驚愕するだろう。「星際伝説」というエリアは『スタークラフト』（例えるなら、スターウォーズやエイリアン風のSF的世界観のゲーム）のプロトスという勢力の金色ベースの建造物のパクリが多い。ネット情報では、開園当初はこのエリアに『スタークラフトⅡ』のロゴが堂々と存在していた。

　「伝奇天下」エリアでは、明らかにワンピースに登場する『ONE PIECE』が建物の屋根の上に出現。版権的に持ち主の「麦わらの一味」を描くと問題だと理解してい

オリジナルキャラのジョイジョイ＋スーパーサイヤ人。

るのか、まったく絵柄が異なる海賊風のキャラが描かれていた。

しかし、サウザンドサニー号の真下の「海賊の秘宝」というショップでは、『ONE PIECE』のグッズを販売していたが、こちらも正規品かと思われた。版元の集英社はこの件を知っているのだろうか？

敷地内の南に位置する「聖殿山」にそびえる中華龍塔の下の階段には、同名の中国産オンラインゲームのキャラの彫像が並んでいるが、このゲームと嬉戯谷はさすがにタイアップしているのだろう。

山頂から改めて嬉戯谷を眺めると、ある意味、絶景ではあるが塔そのものは飲食店で、営業していなかった。園内はメンテナンスの為なのか、稼働していないアトラクションが多い。来園者が少ないのか、スタッフも暇を持て余しているといった印象だ。制服を着用したスタッフがノルウェー

『ONE PIECE』のサウザンドサニー号のパクリ！

『カンフー・パンダ』のポーが現れた。

海賊の秘宝を絶賛販売中！

園内オリジナルキャラグッズも販売中！

後ろめたいのか「麦わらの一味」はシルエット。

のミュージシャンのYlvisの『The Fox』という曲を流しながら笑顔で踊っていたからである。どう見てもイベントの為のダンスレッスンではないだろう。

　筆者が園内で最も絶句させられたのは、実は英雄門近くのトイレである。壁に描かれた日本原産の美少女萌えキャラ3名の視線を感じながら用を足すのは、「羞恥プレイ」としか表現できない。確認できなかったのだが、女子トイレの壁にはイケメンキャラが描かれていてほしい。園内の他の場所のトイレも使用したところ、そちらはフツーの壁だったので、萌えキャラトイレの謎が深まるばかりである。

　嬉戯谷は「中国創意産業最佳園区」という称号があっても、「創意」という言葉の意味を改めて考えさせられる。外国のアニメやゲームキャラの世界観を版権無視して再現するのはクリエイティブとは言えない

『ウォークラフト』のリッチキングに酷似したオブジェ。

が、いちおう、園内には「ジョイジョイ」という緑色の犬のようなオリジナルキャラやグッズも販売もしていて、ジョイジョイの着ぐるみの姿も目撃された。

2014年には2期工事が終了し、敷地面積は約74万平方メートルと広大になってしまったが、1年を通じて集客率の向上を期待したいところだ。

英雄門のすぐ近くでホテルも営業しているが、中国のテーマパークのうち7割は赤字なので、立地条件の悪さは克服できるよう、がんばってもらいたい。

メンテナンス中の絶叫系アトラクション。

凶悪そうなモンスター。

『ウォークラフト』に影響されたキャラが並ぶ。

魔神天途というすごい名前のアトラクション。

中華聖塔の階段下のゴージャスな門。

ウォークラフト3のスピリットウルフが元ネタか？

手先が器用なドワーフ風のキャラ。

莫大な金額をそそいだテーマパークだが、来園者が少ない。

Blizzard社のゲーム世界のような景色。

中華龍塔は飲食店だが訪問時は営業していなかった。

ゲームキャラのオブジェが階段に並んでいる。

像のタイトルは「森之精霊」。

像のタイトルは「法師」。

美少女キャラの視線を感じながら用を足すトイレ。

アトラクションのソウルハンターも運行停止。

コスプレイベントも開催されているようだ。

『ONE PIECE』の絵柄と酷似したキャラ。

コカコーラ工場というコンセプトのアトラクション。

『ウルトラマン』シリーズは中国でも絶大な人気。

なぜか『トランスフォーマー』のロゴが登場。

激熱！ 中華ウェディングフォトの撮影現場!!

　東京ディズニーリゾートでもウェディングプランを提供しているので、中国のテーマパークでウェディングフォトの撮影シーンを目撃しても珍しくないという意見もあろう。しかし、中国人のウェディングフォトにかける思いは日本人のそれと比べるとかなり熱い!!　日本では街中の写真スタジオでウェディングフォトの撮影をして済ませる場合もある。しかし中国のテーマパークやニュータウンで西洋風の建物を背景に新郎新婦を撮影するカメラマンやスタッフに何度も遭遇しているので、写真1枚に対する要求はかなり高いはずだ。中には「これはこれでありなんじゃないか？」と思わせる撮影プランもあれば、絶句せざるを得ないケースもある。

テムズタウンは鬼城（ゴーストタウン）として有名なので、住民よりもウェディングフォトを撮影する新郎新婦やカメラマンを多く見かける。コスプレイヤーの撮影ポイントとしても重宝しそうだが、いくらなんでもイギリスを模倣した街並みで紅衛兵の衣装は違和感を覚えて絶句する。けれど二人とも満足そうな表情なので「末永くお幸せに！」という言葉を心の中でつぶやいた。撮影場所：テムズタウン

蘇州楽園もウェディングフォトの撮影スポットが充実しているテーマパークだ。冬でもめったに雪が降らない蘇州市だがこの日は珍しく周辺一帯で積雪が見られ、園内では肌の露出度の高いウェディングドレスを着た新婦が一人だけとても寒そうだった。寒い時期に半そで半ズボンで登校する小学生かよっ！とツッコミを入れたくなった。 撮影場所：蘇州楽園

杭州市郊外の天都公園は観光客をあまり呼び込めないのか廃墟化した施設も目立つ。しかし吹雪の中でもウェディングフォトを撮影する新郎新婦が数組目撃され、慶事として爆竹もバンバン鳴らされる。撮影の為に白いハトを放つサービスも存在する。中国人の西洋崇拝の現れか西洋建築の作りこみも凄まじく、ウェディングフォトの撮影スポットとしては評価がある模様。
撮影場所：天都公園

広東省深セン市には旧ソ連の航空母艦・ミンスクを改造した「ミンスクワールド」という軍事テーマパークがある。艦内ではウェディングフォトの撮影も可能で、広告の写真には海軍士官風の男性と大胆に肩を露出したドレスを着用した女性が写っていた。一定の需要があってもおかしくない撮影プランだが、艦内にはボロボロな機器も見られるので、カメラマンの撮影技術が問われる。 撮影場所：ミンスクワールド

湖南省の長沙世界の窓という世界一周がコンセプトのテーマパークには教会もあり、ウェディングフォトの撮影も行われる。冬の時期でも撮影中の新郎新婦も数組目撃される。チープ感漂う教会の内部に注目すると、窓にはステンドグラス風のシールが貼られているだけという想像以上の安普請で驚いた。 撮影場所：長沙世界の窓

四川省の国色天郷楽園も世界一周がコンセプトのテーマパークで、映画セットのようなウェディングフォト撮影用のエリアも確保されている。汗疹ができるほど暑い夏の時期でも撮影は行われ、ラフな格好のスタッフに対して新郎は暑そうな黒いスーツを着用していたので、思わず同情してしまった。撮影場所：国色天郷楽園

第3章
華中地方3

中国最大級のチェーンのテーマパーク

🏠 蕪湖方特歓楽世界

読 ぶこほうとくかんらくせかい
簡 芜湖方特欢乐世界
発 ウーフーファンテェァファンローシィジエ
A Fanta Wild Adventure
📍 安徽省芜湖市鸠江区银湖北路 80 号
🚌 蕪湖駅、蕪湖長距離バスターミナルから路線バスの 32W 号線で向かう。蕪湖市内各所からも路線バスあり。
↗ 総面積 125 万平方メートル
¥ 220 元（約 3520 円）
🕘 09：30 〜 17：30
🌐 http://wuhu.fangte.com/adventure/Index.aspx

　安徽省の蕪湖市にある蕪湖方特歓楽世界は 2007 年にテストオープン、2008 年に開園した中国最大級の第 4 世代のテーマパークで、深セン華強グループが 15 億元以上（約 240 億円）を投じ、総面積 125 万平方メートル、陸上面積 53 万平方メートル、水上面積 72 万平方メートルを誇る。中国独自の設計でオリジナルキャラを使い、「東洋のディズニー」を目指すと鼻息が荒い。蕪湖の長距離バスターミナルから方特歓楽世界までタクシーで 15 〜 20 分くらい。

　筆者訪問時の入場料は 200 元（約 3200 円）だったが、最近の中国の物価上昇に伴い、価格も値上がりした。

　南門から入って、まず驚いたのは中国も休日のはずの 1 月 1 日に入場客が非常に少なかったことだ。蕪合高速道路の IC すぐ近くでアクセスもそれほど不便とは思わ

マヌケ面の電動遊具が並ぶ。

れなかったのだが。

　東京ディズニーランドなら「ビッグサンダーマウンテン」に相当するジェットコースターの「ベスビオ火山」、近未来都市に恐竜が大量に発生するという人気がありそうな4Dアトラクションの「恐竜危機」も待ち時間0分というのはどういうことだろうか？（冬季は中国のテーマパークは閑散期なのかもしれない）

　西遊記を題材にした「悟空帰来」は孫悟空が如意棒を取り戻して龍王と戦うというストーリーを水や炎の派手な演出で体感するという内容で、これは中国独自のエンターテインメントと評価したいのだが……。

　中国独自の設計のはずなのに、「太空歴険」というアトラクションの外観が東京ディズニーランドの「スペースマウンテン」に似ているが、実際は緩い動きのライドに

元旦でも来園者が少なかった。

宇宙飛行士型の顔ハメパネルもある。

元旦でも利用者が少ないフードコート。

作り置きのチャーハンは美味しくなかった。

乗って、コース上の巨大スクリーンのターゲットをレーザー銃で撃って、スコアを競うという内容だった。

　スプラッシュ系の「神秘河谷」でも例によって外野の「放水銃」が標準装備。蕪湖市は冬でもそれほど寒い地方ではないが、冬季でも放水はするようだ。

　法螺貝型の外観の海螺湾という4Dシアターは『ファインディング・ニモ』のような海底の魚が主役の世界観だった。中国で大ヒットの国産アニメ『熊出没』のキャラのオブジェを設置、キャラグッズの販売、着ぐるみショー（観客は10人以下だったのを目撃）を開催など流行に便乗して猛烈にプッシュしているが、方特歓楽世界はスポンサーなのだろうか？　『熊出没』のストーリーはハゲ頭で樵の親父と熊の兄弟が繰り広げる森の木を巡ってのドタバタ劇である。

「太空歴険」の外観はスペースマウンテンに酷似。

『ドゥルドゥビー』と『ドゥニー』がマスコットキャラ。

TDLのビッグサンダーマウンテンに似たコースターだ。

　筆者が『熊出没』を観た限りでは、子供向けアニメとしてなら面白く、中国で流行るのも理解できる（日本の最近のアニメなら、美少女萌えキャラを主人公もしくはヒロインにする傾向だが女性キャラの存在をほぼ感じられない点が逆に斬新！）。
　「国家4A級旅遊景区」の蕪湖方特歓楽世界は『熊出没』という看板キャラの存在は強みなのだが、このテーマパークの真のオリジナルキャラは青色とピンク色の2匹の恐竜だ。青色恐竜の名前は「嘟噜嘟比」（ドゥルドゥビー）、ピンク色恐竜の名前は「嘟妮」（ドゥニー）で、園内では2匹のオリジナルキャラグッズなどを販売しているし、「嘟噜嘟比農庄」というアトラクションでは、ドゥルドゥビー（アニメ映像）とMCのお姉さんが小さなお友達とトークショーをしているが（ディズニーランドにも似たようなのはあるのでは？）公

スプラッシュ系のアトラクション。

西遊記の孫悟空が登場するアトラクション。

人気がありそうな恐竜アトラクションだが、待ち時間なし。

ジュラシックパークに似たコンセプト。

式HPやパンフレットを見ても2匹の名前すらわかりにくかった。大連の「発現王国」では園内の5体のキャラにそれぞれ名前、星座、血液型、特技、性格など細かく設定されていたが、ドゥルドゥビーとドゥニーにはそういった工夫が見受けられなかった。熊出没キャラグッズも中国では大人気なのだが、2匹の恐竜キャラグッズは園外ではまだ見たことがない。

　蕪湖方特歓楽世界は中国のコンテンツ産業の今後の可能性と弱さが混在しているとも言える状況ではあるが、逆にすごい点も述べておきたい。万里の長城や三峡ダムなど外国人が驚愕するスケールの建造物を創り出すのが中国人のDNAだが、テーマパークも例外ではない。

　深セン華強グループは「方特歓楽世界」だけでなく、「方特夢幻王国」「方特東方神画」「方特水上楽園（巨大プール）」といっ

「西遊記」がテーマのアトラクションが増設中。

た4種類のテーマパークを中国国内だけでも天津や重慶などの10以上の大都市、さらにイランやウクライナなど外国でも展開している。蕪湖市には思い入れが強いのか、4種類全てのテーマパークを開園しているので「運営を維持する集客率とか大丈夫なのか？」といった疑問が残る。中国経済が減速していると言われているが、中国各地での遊園地建造ブームはヒートアップしており、深セン華強グループの他には不動産業で成長した「大連万達集団」のプランが凄まじく、2016年5月に江西省南昌でテーマパークの「万達文化旅遊城」を開園。

　同社は2020年までに中国本土で15ヶ所、海外で3ヶ所のテーマパークを開園する計画だ。今後の中国の観光業界は予想外の発展を遂げるのかもしれない。

精霊山谷エリア。

元旦でも来園者の姿はほとんど見られない。

『熊出没』のキャラと記念撮影ができる。

中国アニメは動物を擬人化した作品が多い。

冬季の中国の遊園地は来園者が少ない。

西部開拓風のエリア。

『ファインディング・ニモ』に似たアトラクション。

『熊出没』のキャラクターショー。

元旦でも非常に観客が少ないショーだった。

オリジナルキャラグッズ販売中！

MCのお姉さんがスクリーンのドゥルドゥビーと会話する。

蕪湖市内で『スマーフ』の壁画を発見。

三国志の古戦場の公園で発見した激レア・パクリキャラ

逍遥津公園
読 しょうようしんこうえん
簡 逍遥津公园
発 シャオヤオジンゴンユェン
A Xiaoyaojin Park
📍 安徽省合肥市老城区东北角寿春路 16 号
🚌 合肥市内の 2 路、15 路、106 路等の路線バスで「逍遥津」にて下車
📐 約 31 万平方メートル
¥ 無料
🕐 5 月～10 月：06：00～22：00
　　 11 月～4 月：06：30～21：30
🚇 特になし

　安徽省の省都・合肥は三国時代に魏と呉の軍勢が激戦を繰り広げた古戦場として知られている。建安 20 年（215 年）に呉の孫権自ら率いる 10 万の大軍が合肥を攻撃した際、7 千人の兵で合肥を守る魏の将軍・張遼はわずか 800 名の勇士を率いて奇襲を敢行し、呉軍を大敗させる。

　孫権は生け捕り寸前まで追い込まれるも、武将の凌統、甘寧、呂蒙の奮戦もあり、からくも逃れる。張遼の名は天下に轟き、呉の児童が夜泣きをすると母親が「張遼が来るぞ！」と述べると泣き止むくらい恐れられた。戦場の舞台となった逍遙津は当初は合肥城の郊外に広がっていたが、宋の時代に拡大した合肥城の城壁内に組み込まれる。

　中華人民共和国成立後に公園として整備され、1953 年に逍遙津公園と命名される。約 31 万平方メートルの敷地内には湖

魏の将軍・張遼の像。

トーマスの駅。

ウルトラマンも登場！

があり、合肥十景の1つの公園として市民に親しまれていて、友好都市の久留米市からの訪中団が1980年、82年にサザンカやツツジなどを植樹している。

　園内には張遼の墓、衣冠塚、塑像があり、孫権が馬で飛び越え逃れたとされる飛騎橋も修復されている。設置された遊園地はそれほど大規模ではないが、パクリキャラも散見される。

　南大門をくぐると「威震逍遙津」の文字が刻まれた立派な張遼の塑像が現れる。像の周辺は遊園地になっていて、当然のように機関車トーマスやディズニープリンセスのパクリイラストが登場。児童向けのイモムシコースターの敷地内には動物の像の他に脈絡もなくウルトラマンの像も出現。海賊船遊具には『パイレーツ・オブ・カリビアン』のジャック・スパロウ船長一行の写真が貼られている。

お化け屋敷の西部探険城。

蜀の劉備軍は合肥の戦いには直接関係はない。

左から鄭問画の諸葛孔明、関羽、劉備。

　お化け屋敷の西部探険城内には要メンテナンスのクリーチャーが多く、この辺も通常の中国のパクリ遊園地としては標準的なラインナップである。
　逍遙津公園は三国志の古戦場なので、三国歴史文化館といったまともな施設もあるのだが、三国志のゲームの『鄭問之三國誌』のパクリイラスト（他の場所では未見・激レアなのか？）を発見。このゲームはコーエーテクモ社の『三國志』シリーズと比べるとマイナーなのだが、台湾の著名漫画家の鄭問（チェンウェン）が水墨画とフォトショップの超絶技巧の画力で描いた200名以上の登場人物が特徴である。
　しかし、作中の張遼のイラストが描かれているのは当たり前としても、合肥攻防戦にはまったく関係がない蜀の劉備、関羽、諸葛孔明のイラストがチョイスされているのはなぜなのか？

三国歴史文化館の入口。

三国歴史文化会館の内部。

三国志ゆかりの地に
全高 48 mの関羽像現る

🏠 関公義園

📖 かんこうぎえん

簡 关公义园

発 グァンゴンイーユェン

📍 湖北省荆州市荆州区学苑路

🚉 高速鉄道駅の荆州站（火车站）のバスターミナ
ルから 15 路のバスに乗り「长大东区北门站」で
下車。荆州站からそれほど遠くないので、タク
シーで移動することを勧める。

↔ 約 15 万平方メートル

¥ 120 元（約 1920 円）

🕐 08:30 ～ 21:00

💻 特になし

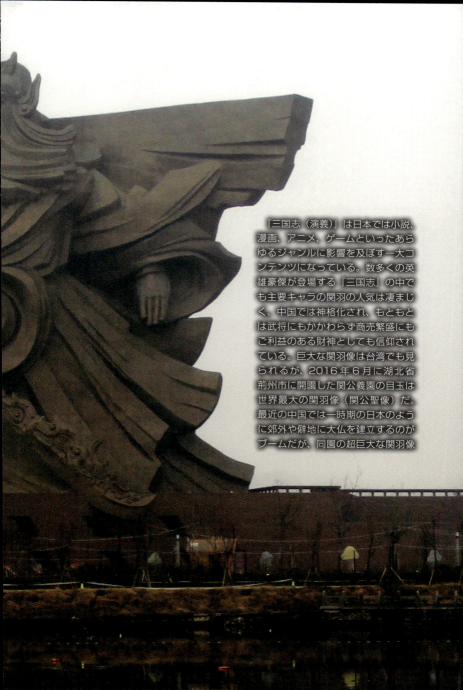

『三国志（演義）』は日本では小説、漫画、アニメ、ゲームといったあらゆるジャンルに影響を及ぼす一大コンテンツになっている。数多くの英雄豪傑が登場する『三国志』の中でも主要キャラの関羽の人気は凄まじく、中国では神格化され、もともとは武将にもかかわらず商売繁盛にもご利益のある財神としても信仰されている。巨大な関羽像は台湾でも見られるが、2016年6月に湖北省荊州市に開園した関公義園の目玉は世界最大の関羽像（関公聖像）だ。最近の中国では一時期の日本のように郊外や僻地に大仏を建立するのがブームだが、同園の超巨大な関羽像

は荊州の城壁の南東側という市街地に建てられたのは珍しいケースかもしれない。関羽の「義」をテーマにした同園は15億元（約240億円）投資され、全高48メートル、台座を含めると58メートルで、百度百科によると関羽の58年の生涯にちなんだとされる。(Wikiでは関羽の年齢は不詳になっている) 重さ1200トン以上のブロンズ像で、デザインは中国の国家一級美術家で北京オリンピックのマスコットキャラ「フーワー」の産みの親の韓美林が担当している。

　共産圏には写実的な作風の銅像が多いが、同園の関羽像は見る者を圧倒する威風を備え、右手に持った70メートルの青龍偃月刀が台座に食い込んでいる点も
せいりゅうえんげつとう
躍動感を演出している。関羽の表情、ヒゲ、風にはためく衣装も含めて実際に

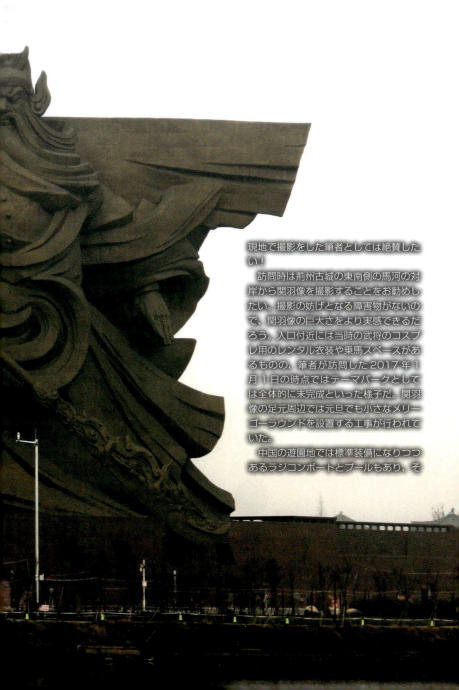

現地で撮影をした筆者としては絶賛したい！

訪問時は荊州古城の東南側の馬河の対岸から関羽像を撮影することをお勧めしたい。撮影の妨げとなる障害物がないので、関羽像の巨大さをより実感できるだろう。入口付近には当時の武将のコスプレ用のレンタル衣装や乗馬スペースがあるものの、筆者が訪問した2017年1月1日の時点ではテーマパークとしては全体的に未完成といった様子だ。関羽像の足元周辺では元旦でも小さなメリーゴーラウンドを設置する工事が行われていた。

中国の遊園地では標準装備になりつつあるラジコンボートとプールもあり、そ

のうち尖閣諸島（釣魚島）は中国の領土と同園でも主張する可能性あり。関羽像の台座は船のようなデザインで展示エリアになっているそうだが、訪問時は工事中で入れなかった。日本の大仏には胎内をめぐる「胎内めぐり」が体験できる場合があり、胎内めぐりが可能な大仏には下界を眺める小さな窓が付属されている。筆者は何か所か中国の大仏巡りもしてきたのだが、胎内めぐりができる中国の大仏は未見。現在の中国の建築技術でも建立は可能だろうが、胎内めぐりというコンセプトは中国ではニーズがないのかもしれない。筆者が見た限りでは、同園の関羽像も小さな窓は付属されていないようで、胎内めぐりはできない構造だと判断した。

　同園の北側の関聖宮は関羽を祀る宗教施設で、武聖殿、財神殿、忠義殿といった建物が並んでいるが、筆者訪問時でも忠義殿には参拝する像が設置されていなかった。施設としては8割程度の完成度でも営業を始めてしまうのが中国らしいと言える。武聖殿や財神殿では関羽像が並び、レリーフで関羽の生涯も表現されている。関聖宮の敷地内では大小様々のゴージャスな作風の関羽像も販売されているのだが、同園の超巨大な関羽像のミニチュア版は確認されなかった。大御所の美術家がデザインしただけあり、非常に優れた造形なので同園は関羽像のミニチュア版の販売を検討していただきたい。

PM2.5の影響か大気が霞んでいる。

元旦でも工事が行われていた。

関羽像の足元の巨大なお線香。

関羽と言えば「桃園の誓い」だろう。

関羽像の南側はまだ開発されていない。

小型のメリーゴーラウンドが増設される模様。

当時の武将のレンタル衣装。

関聖宮の入口。

かなり古そうな関羽像。

関羽の人生が刻まれたレリーフ。

武聖殿の内部。

ゴージャスな関羽像も販売中！

忠義殿の中にはまだ像がなかった。

華中地方最大の「共産党人」テーマパーク

🏠 武漢南湖幸福湾水上公園

読 ぶかんなんここうふくわんすいじょうこうえん
簡 武汉南湖幸福湾水上公园
発 ウーハンナンフーシンフーワンシュイシャンゴンユェン

📍 湖北省武汉市洪山区文馨街
🚌 地下鉄2号線「宝通寺」近くのバス停から576路のバスに乗り「珞獅路南湖山庄」で下車。
↗ 36万平方メートル
¥ 無料
🕐 いつでも入れる
🌐 http://whnhxfwgy.21hubei.com/

　武漢南湖幸福湾水上公園は2015年9月に開園した華中地方最大の共産党人のテーマパーク(コンセプト公園)だ。ネット記事では南湖地区40万市民が無料で享受できる「紅色福利」と絶賛されている。実際は中国共産党や習近平政権の露骨な思想教育を目的としているので、ネットでは「税金の無駄遣い」「行きたくないテーマパーク」と酷評。百度百科では生態景観区、水上活動区、体育健身区、休閑区、入口広場区など五大功能分区があると説明されているが、反発を恐れてか政治がらみのコンセプトの件には一言も触れられていない。広大な敷地は湖を囲む遊歩道になっていて、南側の入口からは「人民有信仰、民族有希望、国家有力量」と大書されたスローガンが見える。入口の共産党人主題公園の紹介文には中共洪山区委員会と洪山区人民政府から「同園で豊潤な道徳を養って中華

小小紅軍（人民解放軍）の彫像。

民族の偉大な復興に貢献しましょう」といったありがたいお言葉が記されている。幼児向けアニメ風の小小紅軍（人民解放軍）の彫像4体は子供と記念撮影をさせる家族の姿もあり、近くには同じくアニメ風の小小航天員（宇宙飛行士）の彫像3体も設置されている。党旗、団旗、少先隊旗の彫像と石で造られた共産党宣言が並んだ宣誓区では入党、入団、入隊教育も可能。児童遊楽区の床に大きく表示された「地面長征地図」には長征（国民党軍に敗れた紅軍の大移動）のルートが描かれていて、近くの遊具では地元住民らしき親子連れが遊んでいた。園内の北側にある立方体のオブジェには習近平政権のスローガンの社会主義核心価値観の24文字が刻まれている。武漢市内では他の公園も政治的なテーマを基にリニューアルされ、今後は全国的に同様のテーマパークが建設されると予想される。

中国は宇宙開発に非常に力を入れている。

宣誓区では入党、入団、入隊教育も可能だ！

習近平政権の目標を全面達成しようというスローガン。

マルクスとエンゲルスによって書かれた『共産党宣言』

習近平政権のスローガンを礼賛している。

社会主義核心価値観ので24文字が刻まれたオブジェ。

長征は江西省瑞金から始まった。

夜間はオブジェ内部が光り、地面にスローガンが映る。

長征のルートが大きく描かれた地図。

地元住民の憩いの場になっている。

3匹の蟻がオリジナルキャラの老舗のチェーン・テーマパーク

🏠 武漢歓楽谷

読 ぶかんかんらくだに
簡 武汉欢乐谷
発 ウーハンファンローグー
A Wuhan Happy Valley
📍 武汉市东湖生态旅游风景区欢乐大道196号
🚇 地下鉄4号線「仁和路」下車。仁和路駅A出口から仁和路を東へ進み、徒歩約15分。仁和路駅B出口から545路のバスに乗り、「华侨城公交场」で下車
📐 35万平方メートル
¥ 200元（約3200円）
🕐 月曜日〜金曜日：09：30〜17：00
　土曜日〜日曜日：09：00〜17：00
※ 時期によっては22：00まで夜間営業
🔗 http://wh.happyvalley.cn/

「歓楽谷（ハッピーバレー）」とは1998年に華僑城グループによって創立された「世界的に一流」を目標とする中国で最初のチェーン・テーマパークである。

湖北省武漢市にある武漢歓楽谷は深セン、北京、上海、成都と続き、2012年に開園。2013年には天津でも開園している。武漢駅からタクシーを使えば10分前後で到着。近くまで地下鉄4号線が走っているのでアクセスも非常に便利だ。

入場料を支払い、ゲートに向かうと大音量でオリジナルテーマソングが流れていたのも評価しておきたい。敷地内は夢想大道、アニメ工場、歓楽時光、台風湾、歓楽江城、極速世界などのエリアに分かれていて、オリジナルキャラは青、ピンク、緑色の蟻（映画『バグズ・ライフ』風？）。名前はそれぞれ歓歓、楽楽、小谷と「歓楽谷」の3文字を使っている。

突き抜けたデザインの看板だ。

サンジの手配書をお化け屋敷で発見。

 訪問したのが8月と中国でも夏休みの為か、来園者がとても多く、歓楽谷の会員入会や年間パスポート（個人、カップル、ファミリータイプなど数種類あり）の手続きをしている来園者も目撃した。創意面部彩絵（フェイスペインティング）の参考イラストにはミッキーマウスや『ONE PIECE』の主人公のルフィ、初音ミクなどが描かれていて、まったく創意を感じられなかった。

創意を感じない「創意面部彩絵」

 コンセプトがアニメに登場するキャラが邪悪な精霊になっているというお化け屋敷の「小鬼当家」に入ってみた。すると、ベルギーの漫画の『スマーフ』に登場するスマーフェットがいたり、漫画の『ONE PIECE』のキャラのサンジやフランキーの手配書が貼ってあったりしてお化け屋敷そのものの怖さよりも、意外なパクリキャラの出現！に驚いた。

レッサーパンダの体毛はデッキブラシのように硬い！

スプラッシュ系ライドの激流勇進。

ボートの後方には放水銃が待ち構えている！

木造コースター。

　アニメ工場エリアのお化け屋敷でも、パクっていいわけではないだろう。
　台風湾の「激流勇進」というスプラッシュ系ライドでまたも外野の放水銃を発見。1元硬貨2枚で15秒放水できるが、最近の中国の大型テーマパークでは必要なスペックのようだ。
　歓楽江城エリアの木翼双龍はアジアでも最大級の木製ジェットコースターとのことだが、アジアの他の国々にどれだけ木製ジェットコースターが存在するのかが気になるところだ。
　中国では象・ラクダ・孔雀といった動物、鳥類と撮影できる観光地がたまにあるが、武漢歓楽谷では30元（約480円）でなんと、レッサーパンダとツーショットができる！（原産国ならではのサービスで嬉しい）膝に抱えたレッサーパンダの「アーバオ」にスタッフから渡されたリンゴを与え

スピーディーにセットメニューが提供される。

黒椒鶏腿飯セット。

ながら撮影してもらうが、30元はけっこう安い値段と感じた。
　極速世界(スピードワールド)エリアの極速酷客餐庁(スピーディーミール)というフードコートで食事をした際、黒椒鶏腿飯セット（35元・約560円）を注文したところ、名前に恥じないスピードでセットがトレーに乗せて提供された。気になるセットの味は非常に辛く、食後はお腹が緩くなったのはたぶん日本人には強すぎる香辛料のせいだと判断した。湖北省も辛い料理が好まれる地方である。

　園内で販売されるオリジナルキャラの歓歓、楽楽、小谷のキャラグッズは園外では見たことがない。一方、中国でも人気のハローキティグッズやドラえもんのイラストが描かれていたお菓子も販売されていたが、それぞれサンリオとフジコプロのコピーライトが表記。しかし、明らかに『Dr.スランプ　アラレちゃん』の帽子に

ビルに巨大なピエロの壁画が描かれている。

『ファインディング・ニモ』を連想させるアトラクション。

スリル満点の絶叫マシンも武漢市民には好評のようだ。

マネキンの黒い下着が見えている！

外国人のスタッフも勤務している。

「HAPPY」と表記されていたものも販売されていたが、版権的にアウト。

　武漢歓楽谷は国家4A級旅遊景区のテーマパークなのだが。歓楽谷の進出した地域から判断すると、天津では前述の方特歓楽世界、上海ではディズニーランドといった国内外のテーマパークがライバルになるので、今後は『熊出没』のような強烈な看板キャラとタイアップしたり他にはない差別化を図ったりする戦略が求められる。

ダンスショーも行われている。

大人気のテーマパークを支える外国人スタッフ。

ローラーブレードで移動するピエロ。

大学が世界的有名建築の山寨版(パクリ)に込めた思いとは？

🏠 武漢商貿職業学院

- **読** ぶかんしょうぼうしょくぎょうがくいん
- **简** 武汉商贸职业学院
- **発** ウーハンシャンマオヂーイェシュエユエン
- **A** Wuhan International Trade University
- 📍 湖北省武汉市东湖新技术开发区光谷二路 225 号
- 🚇 地下鉄 2 号線の「光谷广场」から 789 路のバスに乗り「商贸学院」で下車
- ↗ 不明
- ¥ なし
- 🕐 部外者が正門から入ろうとすると止められる可能性大
- 💻 http://www.whicu.com/

湖北省の武漢市の郊外・東湖新技術開発区にある武漢商貿職業学院は2002年に開校。教育機関としては日本の大学に相当し、物流学院、経済管理学院、旅遊学院、外貿外語学院、美術学院、国際学院等20の学部を開設。アメリカ、イギリス、フランス、日本、韓国、シンガポールといった外国の大学とも交流を取ったり、国際ビジネスや貿易についての共同研究も行っている。

　公式HPによると2016年の時点で1万人以上の在校生を抱え、500名以上の教員を揃えている。卒業生は湖北電視台（テレビ局）、湖北日報、ハイアール物流といった一流企業に就職し、教育機関としては「湖北省職業教育先進単位」「湖北省高校思想政治教育先進単位」「湖北省誠信示範探知」などの栄誉を獲得している。

　このような情報からまともな大学と思われるだろうが、武漢商貿職業学院が有名になっ

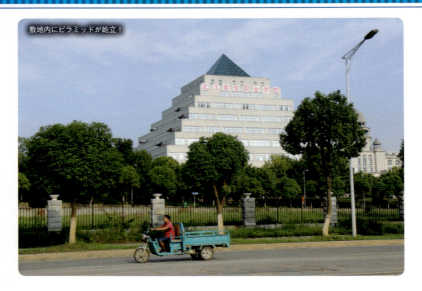

敷地内にピラミッドが屹立！

アメコミのヒロインのような彫像。

たのは2013年に校内の建造物が世界の有名建築のパクリと報道されたからである。

敷地内にあるホワイトハウス、ピラミッド、スフィンクス、凱旋門といった山塞版についてネットユーザーも冷ややかな意見が多かったそうだが、学校側は「これらの建造物を通して学生に世界の文化に理解を深めてもらいたい」とコメント。

筆者は2014年に訪問してみたのだが、学生寮のあるエリアに建築中の物件の屋根にはドーム状の飾りが付属していて、明らかに西洋建築風である。中国の観光地に凱旋門が出現しても驚かないが、この大学の正門は万里の長城風の壁を二つの凱旋門が挟む形になっていて、公式HPでは「中国と西洋の文化の融合」と説明。

凱旋門前のスフィンクスはそれほど大きくはないが、無駄に筋骨隆々で本物には欠

簡体字表記がなければ、アメリカと勘違いするかも？

けている鼻もしっかり彫られている。

　北部編で紹介した河北省に存在した偽スフィンクスと違って、エジプト政府もこのクオリティなら激怒しないだろう。校内にあるピラミッド型の図書館、ミラノ大聖堂を模した教学楼（あまり似ていない）、アメリカの国会議事堂式の実験楼については「古代文明、ルネッサンス、現代文明の象徴」とHPに表記されている。

　校門の風景を撮影していると警備員に「記者なのか？」と問われ、「他の観光地で撮影しろ」と言われた。学校側もHPの文章と異なり、ネットなどで山塞と批判される事を気にしているのだろう。

　この大学の校訓の1つは「美育中華」となっているので、海外のものではなくて中国の有名建築の山塞版をもっと作ってほしいところだ。

本物のスフィンクスにはない筋肉の質感がわかる。

簡素なデザインの凱旋門。

衝撃！　華中地方の変な看板特集!!

　中国政府のスローガンや商品広告、屋号のメッセージを眺めていると、たまに間違った方向性の看板が視界に入り、当たり前のように存在する変な日本語も気になって仕方がない。交通機関で移動中に発見するケースも多く、絶好のシャッターチャンスとばかりに慌てて一眼レフを起動させて撮影している。筆者厳選・華中地方の衝撃的な看板をご覧いただきたい。

一休賓館　『一休さん』もかつては中国で人気があり、知名度の高いアニメの1つだが、なぜか安宿の名前に……。徳島県の「ホテル一休さん」とは関連はないと確信している。撮影場所：江蘇省蘇州市

毛沢東と尖閣諸島　看板には毛主席（毛沢東）は「釣魚島（尖閣諸島の魚釣島）は中国のものだ、小日本は夢を見るな！」と発言したと表記。毛沢東は本当にそんなことを言ったのか？出典を明らかにしてほしい。
撮影場所：浙江省杭州市

藤原原とうふ店（自家用）元ネタは『頭文字D』（イニシャル・ディー）の主人公の藤原拓海が使用する愛車のAE86型（ハチロク）スプリンタートレノだが、「原」が一文字多い。この車の所有者は誤植に気付いているのか？
撮影場所：江蘇省蘇州市

山口百麗　年配の中国人が思い浮かべる日本人と言えば高倉健や山口百恵だろう。しかし山口百恵を1文字変更しただけの「山口百麗」という化粧品メーカーの存在は想定外だ。高速道路の脇に何枚も巨大な看板が並んでいた。
撮影場所：浙江省の高速道路

海賊の秘宝だと?!　江蘇省常州市のテーマパーク・嬉戯谷で発見したこの看板は漫画『ONE PIECE』のロゴを改造したものだと即座に判明！作者の尾田栄一郎と版元の集英社は本気で怒っていい案件だ。
撮影場所：江蘇省の嬉戯谷

ヒーロービルディング　香港の歌手のフェイ・ウォンは映画『HERO』の主題歌で「私達は世界を変える英雄を待っている」と唄っていた。中国人はビルの名前にも「英雄」を求めている！　撮影場所：江蘇省蘇州市

ナイキのロゴにどことなく似ている、というかひっくり返しただけの ANTA SPORTS（安踏体育）。中国ではかなりの収益をたたき出す有名ブランドだ。
撮影場所：湖北省武漢市

スペス旅行　最近の中国のテーマパークは巨額の投資をされる傾向が強い。日本語表記はありがたいが、看板の誤植対策の校正作業にも資金を投入してほしい。
撮影場所：安徽省の蕪湖方特歓楽世界

空前のスケール！
世界最大の撮影所に驚愕せよ!!

🏠 横店影視城

読 おうてんえいしじょう
商 横店影視城
発 ホンディエンインシーチャン
A Hengdian World Studios
📍 浙江省东阳市横店镇
🚌 杭州南汽車站から長距離バスに乗り横店（片道2～3時間）へ向かう。もしくは高速鉄道で義烏駅まで行き、タクシーで横店（片道1時間）へ。横店からはタクシーで各施設へ移動。
📐 広州街・香港街：28万平方メートル
明清宮苑：100万平方メートル
秦王宮：約53万平方メートル
¥ 広州街・香港街：120元（約1920円） 明清宮苑：150元（約2400円） 秦王宮：160元（約2560円）
🕐 広州街・香港街：08：00～17：00
明清宮苑：08：30～16：30
秦王宮：08：30～17：30
🌐 http://www.hengdianworld.com/

横店影視城は浙江省東陽市横店鎮にある世界最大の撮影所で全体の面積は3千万平方メートル以上という驚愕のスケールを誇る。横店影視城内は実際のところ、「広州街・香港街」「秦王宮」「清明上河図」、「明清宮苑」「夢幻谷」「国防科技園景区」といった10か所の映画村とテーマパークの集合体で、国家5A級旅遊景区である。

多くの抗日ドラマのロケ地でもあり、ネットでは「日本人を最も多く殺した場所」と揶揄される。アクセスは浙江省杭州市からバスで片道2～3時間かかり、杭州市内から日帰りと1泊2日のバスツアーも催行されている。

横店影視城の最初の撮影所の「広州街」が1996年に完成して映画『アヘン戦争』が撮影され、1997年に「秦王宮」が完成し映画『始皇帝暗殺』の撮影が行われる。1998年に「清明上河図」が開園、「広州

街」の敷地に「香港街」が増設される。「広州街・香港街」は敷地面積28万平方メートル、19世紀〜20世紀前半の広州と香港の街並みを再現した撮影所でウェディングフォトの撮影も行われる。

　「広州街・香港街」の園内数か所で撮影が行われ、スタッフが準備に勤しんでいる光景が見られた。香港街のヴィクトリア港では毎日「怒海争風」というショーが行われ、海上警察がアヘンを密輸するイギリス軍＋海賊と戦う内容になっている。時代背景を無視してジェットスキーも使用されているが、爆発シーンなど派手な演出もあるので観客はまったく気にしていない。同園は映画『アヘン戦争』のロケ地になった経緯からか、禁毒（薬物犯罪防止）教育基地としても使われている。園内には60元（約960円）で3分間利用できる気球があり、空から撮影も可能だ。

園内数か所でロケが行われていた。

少々、荒んだ街並み。

昔の「味の素」の広告。

隣の敷地にある「明清宮苑」は1998年から工事を始め、2005年元旦まで竣工して開園。北京の故宮を1：1スケールで再現し、（本物と1部設計が異なり、天安門は2割程度小さい）敷地面積100万平方メートルと横店影視城の中でも最大の撮影所だ。7億元（約112億円）以上投資され、宮殿、庭園、邸宅、民家といった北京の建築スタイルが揃えられていて、これほどすごいスケールで模倣する中国人の情熱に驚愕する。筆者が参加していた日帰りツアーの内容に明清宮苑が含まれていなかったのが非常に残念だ。

「秦王宮」は約53万平方メートルの敷地面積を誇り、秦の時代の王宮を再現した撮影所だ。日本の映画にはない中国映画の魅力とは①アクション②砂漠や草原といった広大なロケ地③エキストラの動員数なのだが、それらを体現して秦王宮で撮影され

レトロな街並みがしっかり再現されている。

た有名な作品は張芸謀(チャン・イーモウ)監督の『HERO』（原題：英雄）や陳凱歌(チェン・カイコー)監督の『PROMISE 無極』（原題：无极）である。

　敷地内にはそれぞれの作品で主演を務めたジェット・リーや真田広之といった俳優の写真が大きく飾られている。城門や広場の大きさにも驚くが、メインの宮殿である「四海帰一殿」は高さ44.8メートル、奥行き600メートルの巨大建築物に度胆を抜かされる。しかし隣の敷地の「夢幻谷」の観覧車が宮殿の後ろに見えるのは興ざめだ。東偏殿では『HERO』のシーンを再現したショー「英雄比剣」が1日に数回行われ、ワイヤーアクションも使われているので迫力がある。杭州からの日帰りツアーでは「広州街・香港街」と「秦王宮」しか見学できないが、個人で訪問しても横店影視城は1日だけではとても遊びつくせない壮大なスケールの観光地だ。

レンタル衣装がずらりと並んでいる。

勇気を出して気球での空撮をお勧めしたい！

壮大なスケールで故宮を再現した労力に脱帽!

写真手前が香港街・広州街、奥が明清宮苑。

撮影の準備で現場は忙しい。

出番までスマホで時間つぶしをする女優さん。

アイスクリーム店の屋号が「老人と海」。

小規模な教会。

こじんまりとした教会の内部。　　　　軍隊の施設ということになっている。

「怒海争風」のショー。

船が炎上したりと演出はド派手。

ショーとしては迫力があると評価したい。

隣の敷地の観覧車が景観を壊している。

秦王宮の重厚な門。

『HERO』や中国映画の大作の世界に浸れる。

想像以上に広大な敷地だ。

真ん中の人物は俳優の真田広之だ。

「HERO」でジェット・リーが演じた主人公の「無名」。

映画『HERO』のシーンを再現した英雄比剣のステージ。

ワイヤーアクションで俳優がジャンプ！

秦の時代に中国で涅槃仏は建立されていないはず。

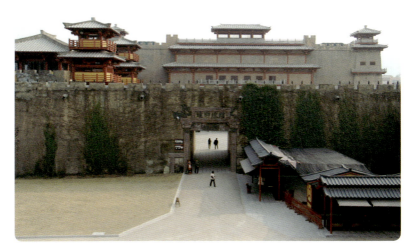

役者さんが待機中。

一部工事中。大作映画の撮影準備かも。

昔の衣装を着用したお客さんで、女優ではないようだ。

サンリオ公認のテーマパークが開園！

🏠 杭州ハローキティ楽園

読 杭州ハローキティ楽園
簡 杭州 Hello Kitty 乐园
発 ハンジョウハローキティローユェン
A Hello Kitty Park
📍 浙江省湖州市安吉県天使大道1号
🚌 杭州東站（高速鉄道の駅）のバスターミナルから安吉行きのバスに乗る。（片道約1時間半）安吉バスターミナルから杭州 Hello Kitty 乐园へバスで移動（本数は1日で6本と少ない）タクシーだと片道20分くらい。
↗ 約10万平方メートル
¥ 平日230元（約3680円）休日290元（約4640円）
🕙 10:00～17:00
🌐 http://www.hellokittypark.cn

　杭州ハローキティ楽園は2015年1月1日にテスト開園、2015年7月1日に正式開園したサンリオ公認の海外初の屋外型テーマパークだ。開園当初は「凯蒂猫家园」という名称だったが、2017年1月1日より現在の「杭州ハローキティ楽園」と改名。ただ、同園が設置されているのは浙江省杭州市ではなくて湖州市だ。20億元（約320億円）も投資された同園は年間100万人以上の来場者を見込んで建設されたのだが、アクセスは非常に不便。最初は杭州東站（高速鉄道の駅）を目指すのがお勧めだが、広い構内にバスターミナルは複数あり、安吉行きのバスを探し出すことから困惑する可能性大。杭州東站から安吉のバスターミナルまで片道約1時間半かかり、安吉から同園まではタクシーもしくは114路のバスで移動するのだが、バスの本数は少ない。高速道路の安吉イン

サンリオキャラが出迎える入場ゲート。

ターチェンジから近いので個人が車で行く場合は便利かもしれないが、中国語ができない人間が公共交通機関で現地に到達するのはかなり苦労することが予想される。安吉と近隣大都市とのアクセスも問題で、浙江省杭州市の次に近い都市の江蘇省蘇州市はバスで片道3時間かかり、安吉から蘇州への最終バスは12：30に出発する。同園に直通する鉄道は2017年1月時点では存在しない。現地のタクシーの運転手からの情報では同園への来場者はそれほど多くはないそうだ。同園の隣接地には西洋城塞風の5つ星ホテルの安吉銀潤城堡酒店があり、時計台にはハローキティがプリントされている。

　入場ゲート付近のショップにはサンリオのキャラクターグッズだけではなく、BANDAIのホビーグッズなども販売している。店頭に並んでいる香港のGEE

シャトルバスの本数が少ないのが不満だ。

西洋城塞風の5つ星ホテルは外国人も宿泊可能。

児童はシナモンの着ぐるみとの撮影に夢中！

ポムポムプリンとスタッフのお姉さん。

KINGDOMの猫キャラクターグッズはサンリオのキャラデザインと似ていると感じた。キティのぬいぐるみが入っているクレーンゲームには「私たちは全部正規品よ」とメッセージが貼られているので、同園のグッズは本物でも中国全土のパクリ玩具の流通量に戦慄させられる。

　園内はハローキティホームやメロディビレッジなどサンリオキャラにちなんだ5つのエリアと友誼広場に分けられている。同園入場ゲートの上には中規模の観覧車があり、稼働中はスライドするゴンドラも設置されている世界初の設計だ。しかし筆者訪問時の1月3日は中国では平日で、観覧車や人気のありそうな5つの遊具がメンテナンス名目で稼働していないのは問題だ。園内の95％以上の遊具や設備は外国製と謳っているのだが。

　開園時間の10時には友誼広場にサンリ

キャッスル型のレストラン。

オキャラの着ぐるみが集まり、来場者が記念撮影を楽しんでいた。中国のテーマパークとしては約10万平方メートルの敷地面積は狭いのだが、園内各所で雑技やキャクターショーが頻繁に行われ、来場者を飽きさせない工夫がある点は評価したい。雑技ショーには100名程度の観客が集まっていたが、平日でも集客率が低いといった印象だ。児童がラジコンボートを動かしていたが、サンリオのテーマパークなのかさすがに尖閣諸島（釣魚島）の領有権は主張していなかった。

キャッスル型の建物はレストランになっていて、キティの形状をしたご飯が盛り付けられたメニューも提供され、サンリオキャラがプリントされたテーブルも並べられていて徹底したこだわりが見られる。敷地の最奥部のハローキティホームも外観から内部まで余すところ無くキティのグッズ

稼働中はスライドするゴンドラが特徴の観覧車。

田舎でもPM2.5で空気が霞んでいる。

雑技のジャグリングの技術は見事！

やデザインが詰め込まれている。中国でここまでハローキティの人気があることに驚きなのだが、同園までのアクセスは悪く、シャトルバスの増便や案内の英語表記といった改善が望まれる。

メンテナンス中のアトラクションが複数見られた。

平日の為か、来場客が少ない。

ラジコンボートに政治的主張はなかった。

けろりーぬはおしゃれ大好きな女の子。

世界一周がコンセプトのアトラクション。

ダニエルの隣に座って記念撮影も可能だ。

スタッフの衣装デザインも Good だ。

サンリオグッズが充実している。

一部、修繕中。

私たちは全部正規品よ！

香港の GEE KINGDOM の猫キャラクター。

アップルパイレストラン。

ダブルバーガーコンボは98元（約1568円）。

メロディコンボは68元（約1088円）。

自販機の缶ジュース1本10元（約160円）と割高。

キャッスルレストランの看板。

焼き肉や寿司といったメニューも提供。

日本料理店も営業中。

ハローキティコンボは68元(約1088円)。

うな丼も販売中。

園内最奥部のハローキティホーム。

キティの頭部をかたどった長椅子。

浴槽の形状もハローキティだ。

女の子の夢が詰め込まれたハローキティホーム。

男性が一人で入るのは勇気が必要だ（笑）。

キティはロンドン郊外で誕生した設定だ。

こちらの椅子の背もたれもキティ型。

英国人ミュージシャンも MVを撮影したパリ風ゴーストタウン

🏠 広厦天都城

- 読 こうかてんとじょう
- 簡 广厦天都城

発 グァンシャーティエンドウチャン
A Sky City
浙江省杭州市余杭区星桥镇
杭州市中心部の武林広場(武林广场)近くの中山北路口か杭州大廈のバス亭から535路のバスに乗り、「天都城」で下車。片道約50分。
約470万平方メートル
無料・天都公園は入場料50元(約800円)必要。
いつでも可。天都公園は17:00頃閉園。
http://www.tianducheng.net/ 現在は閲覧不可。
しかしなぜか微博(ウェイボー・中国版ツイッター)は閲覧可能。
http://weibo.com/guangshatianducheng

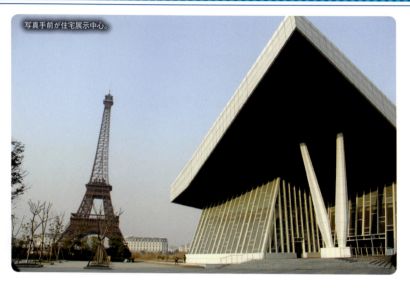
写真手前が住宅展示中心。

住宅展示中心に飾られている街全体のミニチュア。

　中国各地で外国の町をそのままコピーした住宅地が販売されているが、浙江省杭州市の郊外にある広厦天都城はパリの街並みを模倣したニュータウンである。

　2002年に第1期工事が始まった広厦天都城は約470万平方メートルの敷地に約100億元（約1600億円）を投資してエッフェル塔（本物の1/3の高さ108メートル）、シャンゼリゼ通り、ベルサイユ宮殿の噴水まで再現し、「生態、産業、旅行、居住」を一体化させた10万人が居住できる都市造りを目標としていたが住民は2000人くらいしかいないと言われている。

　2007年には影响中国的典範社区といった栄誉も与えられているが、一般的には鬼城（ゴーストタウン）として知られていて、杭州の地下鉄3号線が天都城まで開通する計画も頓挫している。杭州市の中心からバスで50

エッフェル塔のレプリカ周辺は巨大な看板で囲まれている。

分という立地も住宅を購入する際には敬遠された理由だろう。

浙江省の幹部クラスの役人も何度も視察に来ていたそうだが、広厦天都城の建設に携わった広厦集団の会長・楼忠福は令計画（胡錦濤の大番頭と言われた政治家）のパトロンの1人でもあり、2014年に令計画が巨額の収賄で逮捕された5日後に楼忠福も逮捕されている。

広厦天都城へ行くには、杭州市の中山北路口か杭州大厦のバス亭から535路のバスに乗り、天都城で下車。天都城から杭州市内へ戻るには18：30頃が最終バスになるので、時刻表の確認を忘れないこと。

筆者は2013年と2014年に訪問。エッフェル塔のレプリカの手前で下車し、広厦天都城の住宅展示中心に入ってみると、街全体のミニチュア模型が展示されていた。ミニチュアには2013中国房地産

シャンゼリゼ通りと表記されている。

工事現場の民工の洗濯もの。

体格の良い猫が徘徊していた。

空きテナントが目立つシャンゼリゼ通り。

住宅項目品牌価値 TOP10 のプレートが飾られていて、この街のシンボル・エッフェル塔のレプリカ周辺は中心商業圏になる予定。

しかし実際はエッフェル塔の真下は畑になっていて、近くには民工(地方からの出稼ぎ労働者)用と思われるプレハブ小屋が並んでいた。エッフェル塔周辺のマンションには布団が干されている部屋もあるので、少しは入居者がいると思われたが、メインストリートのシャンゼリゼ通り(漢字で香榭路もしくは香榭里大街と表記)での洗濯物や飲食店の鶏肉を干している光景は本場のパリでは見られないはず。

通りの1階はほぼ空きテナント、2階から上の分譲マンションの入居率も非常に少なく、建設着工から10年以上経過しているニュータウンとはとても信じられない。

本物のシャンゼリゼ通りでは鶏肉を干さないはず。

シャンゼリゼ通りの一角の地鶏鍋の店で食事をし、スタッフに街全体の人口が少ない件について質問すると、「工事が終われば投資が増えて、人口が増えるだろう」と返答されるが、絶望的だろう。

通りの小売店で買い物をしたり2匹の犬の散歩をしたりする住民も目撃したが、雪の日にはほとんど人の気配が感じられない。広厦天都城に関する英語のネット記事で「パリジャンはアパートの窓に鉄格子（泥棒除け）を必要としない」とツッコミを入れられているが、窓際の鉄柵からのサビの流出を放置しているのも理解できない。

工事中のマンションに関係者以外立ち入り禁止の札も下げていないので、部外者である筆者が簡単に入れたのも中国の工事現場らしく管理が緩い。通りの奥に位置する天都公園は敷地面積約66万平方メートルに4.2億元（約67.2億円）投資してフ

洗濯ものが目立つシャンゼリゼ通り。

アパートの2階からシャンゼリゼ通りを撮影。

工事現場の作業員の電動バイク。

工事現場だが簡単に入れる緩い管理体制。

こちらも工事現場だ。

ランス文化を基調として芸術公園、運動公園、結婚式場を一体化させて2002年に開園。

50元（約800円）を払い入園すると、入口にベルサイユ宮殿のアポロンの噴水のレプリカがあり、広大な敷地の園内にはウェディングフォトを撮影中の数組のカップルを目撃したが、筆者の他に旅行客の姿は見られず、天都公園内には古代ローマ風の円形劇場もあるが、2千人以上が座れる観客席、ステージの設備を見たところ、長い期間使用された形跡がなくて朽ち果てている。

山の上には小さいながらもラブホテルのような外観のフランス城郭風建造物が鎮座しているが、メンテナンスされた外壁に反して閉ざされた内部を窓から覗くと埃だらけで、廃墟化している。日本でも以前は外国の名前を冠した○○村というテーマパー

本物のシャンゼリゼ通りでは路上で洗濯物を干さないなず

クがいくつも建設されたが、リピーターを獲得できなくて潰れてしまい、廃墟になったケースも多い。中国における外国の街並みを莫大な金額を投資してコピーした結果、鬼城(ゴーストタウン)になった光景を日本人はあまり笑えないのではないかと思う。

廃墟といえば長崎県の軍艦島ではかつてB'zが『MY LONELY TOWN』のMVを撮影していたが、広厦天都城ではロンドン発のミュージシャン Jamie xx が『Gosh』という曲のMV（Romain Gavras 監督のバージョン）を撮影している。

軍艦島は映画『007/スカイフォール』の舞台モチーフにもなっているので、広厦天都城もそのうち大作映画に登場することを期待したい。

シャンゼリゼ通りに幼稚園の敷地が食い込んでいる。

フランス人も驚くはず。

柵の下に茶色い錆が目立つので、要メンテナンス。

テナントの銀行のATMは稼働しているようだ。

洗濯もののタイツがぶら下がっている。

ベビー用品店は閉鎖。

窓に泥棒対策の鉄格子が設置された部屋もある。

屋外でテーブルを囲むおじさん。楽しそうだ。

地鶏鍋チェーン店の「一席地」は営業していた。

「一席地」付近は夜になるとネオンが輝く。

「一席地」で鍋を食べる。寒い日は特に美味。

ゴーストタウンでも住宅を販売する広告。

天都公園の前で果物や焼き芋を販売。

ヴェルサイユ宮殿にあるアポロンの噴水のレプリカ。

新婚夫婦の記念撮影。

天都公園の観光客は非常に少なそうだ。

湖の対岸は豪華なホテルだ。

写真手前はウェディングフォト用のフランス風の街並み。

山上の城郭風建築物の見た目はきれい。

城内は埃が積もっていて、長期間、使われた形跡がない。

中華ウェディングの現場でも教会が必要なようだ。

1.5億年前の大木の化石が並ぶ。

園内にはなぜか畑もある。

ウェディングフォト用の馬車。

ヴェルサイユ宮殿のラトナの噴水のレプリカ。

円形劇場の経年劣化が進行中の椅子。

遠くから眺めると美しい外観の円形劇場。

円形劇場は廃墟化していた。

塗装もかなりはげている。

おめでたいカゴに乗った新婚カップル登場。

風船に手紙を結んで放つカップル。

末永く、お幸せに！

中国では慶事に爆竹をバンバン鳴らす。

寒空の下、複数の新婚カップルが撮影。

勇ましい軍人像が屹立。

エッフェル塔のレプリカの足元はなんと畑になっていた！

あとがき

　10年以上前の話になるのだが、筆者が日本企業の駐在員として蘇州で勤務していた際、週末はすることがないのでわざわざ上海まで行き、合気道の道場で稽古とたまに指導も行っていた。道場を訪れるのは中国人の若者が多く、上海在住の日本人駐在員や少数の欧米人も稽古に参加していたが、日本と中国の政治問題も気にしないで汗を流していた。本書の取材のついでに蘇州で小売業を営む中国人の友人のお店に久しぶりに訪問したのだが、お店の看板犬のペキニーズとは駐在していた頃から仲良しだったが15歳で大往生していたことが判明。犬の年齢からすると覚悟はしていたが非常に悲しく、飼い主である友人もペットが亡くなるとやりきれないので、今後は犬も猫も飼いたくないと述べていた。

　何が言いたいかというと、日本人でも中国人でも人間の本質は何ら変わらないということだ。確かに中国人はマナーがなっていないのは事実で、中国の地下鉄では「吊り革にぶら下がらないで！」といった現在の日本では考えられない注意書きが見られる。日本人の方が格段にお行儀よく生活しているのだが、日本の駅構内で見られる「痴漢は犯罪です」「酔っぱらって駅員に暴力を振るわないで下さい」といったメッセージは中国では見たことがない。日本と中国では政治体制が違うので外交問題はどうしても解決できない部分もあるのだが、お互いに良い部分も悪い部分も冷静かつ寛容に受け止めることも必要ではないだろうか？　料理だけ見ても、中国にはほとんどの日本人が知らない美味なる中華料理はいくらでもある！

　さて、本書では「上海ディズニーランド」のような王道のテーマパークだけでなく、実物大の空母型娯楽＆教育施設や壮大な規模で建設されたパリ風ゴーストタウンまで収録することにしたが、中には到達困難が予想される僻地の物件も含まれている。ここまで取材できたのは、現地の中国人の多大なる手助けがなければ無理だった。例えば武漢の共産党テーマパークはネットで有名になっていても、日本人が書いた記事では具体的なアクセス方法についてはこれまで説明がなかったはずだ。訪問前からグーグルマップで目的地の場所を調べて、可能な限り近くまで行くのは当然の作業だ。しかし、取材した日は12月31日で公共交通機関がかなり混雑していた事もあり、武漢の宝通寺のバス亭で地元住民のおばちゃんが親切にバスの路線を教えてくれなければ、筆者の力量（この原稿を書いている時点で筆者が中国で足を踏み入れていない中国の地域はチベット自治区だけ）でも日没前までに現地へ到着できなかったかもしれない。

　『中国遊園地大図鑑　中部編』も筆者の想像以上にとんでもない内容になってしまったが、続編も更に強烈な個性を放つヤバイ遊園地・テーマパークを紹介する予定なので、ご期待いただきたい！　最後に、取材に協力していただいた現地の中国人の皆様、筆者のブログ『軟体レポート』のファンの皆様、ネットで本シリーズの情報を紹介・拡散して下さった方々、本書をより面白くする為に取材の訪問前にハードなミッション(笑)を依頼してくれた編集者の濱崎誉史朗氏、本書を購入してくれた読者の皆様、そして過酷な取材スケジュールにも耐えうる常人よりもしなやかな身体に産んでくれた両親に非常感謝！

好評販売中！

中国珍スポ探検隊1

中国遊園地大図鑑 北部編

四六判/224頁/並製
2200円＋税
ISBN 978-4-908468-07-0　C0076

キモかわいくない

ネズミやネコの形をした着ぐるみ
中世の城を装うハリボテ・萌えキャラだらけの遊具
食欲失せるフードコート・トラウマ必至のお化け屋敷
日本兵相手のサバゲー風の抗日テーマパーク
色彩感覚が気持ち悪く・版権的にも問題があり・エンターテインメント性や安全性に疑問符が突き付けられている中国の遊園地を徹底調査！

- ●偽ディズニーランドとして有名な遊園地　北京石景山遊楽園
- ●山塞版ハリー・ポッターのホグワーツ魔法魔術学校　河北美術学院
- ●エジプト政府も激怒！実物大の偽スフィンクス顛末記　石家庄新長城国際影視城
- ●廃墟になった国家4A級景区の超大型室内テーマパーク　青島宝龍楽園
- ●山西省の抗日テーマパークで愛国主義教育　八路軍文化園
- ●僻地すぎる抗日テーマパークの立地は大丈夫か　遊撃戦体験園
- ●かつてラストエンペラーが軍事大演習をしていた公園　勝利公園
- ●絶滅危惧種のアムールトラが餓死した動物園の顛末　瀋陽森林動物園
- ●「遊園地のネズミ型ジェットコースター」「パクリだらけの遊園地ホームページ」「変な看板」「パクリキャラのイラスト」「パクリキャラのお土産」等の特集コラムも！

関上武司 (せきがみ・たけし)

愛知県在住の技術職のサラリーマン。1977年生まれ。日本や中国のB級スポットや珍スポットを紹介する旅行ブログ『軟体レポート』の管理人。南方訛りの中国語の使い手であり、合気道・少林寺拳法二段、弓道初段。本書の取材は全てサラリーマンの本業の休みだけを使って強行スケジュールで行っている。生まれつき非常に柔らかい身体の持ち主で、初対面の人物に軟体芸を披露して驚愕させる事を至上の喜びとしている。オーストラリアにて軟体大道芸で生活費を稼いでいた経歴があり、軟体大道芸と本書は笑いと驚きをモットーに構成している。

ブログ　http://blog.livedoor.jp/nantaireport/
Twitter　@SoftlyX
メール　tsekigami1977@yahoo.co.jp

中国珍スポ探検隊Vol.2

中国遊園地大図鑑
中部編

2017年3月10日　初版第1刷発行
著者：関上武司
撮影：関上武司
編集：濱崎誉史朗
DTP：濱崎誉史朗
装幀：濱崎誉史朗
発行人：濱崎誉史朗
発行所：合同会社パブリブ
〒140-0001
東京都品川区北品川1-9-7 トップルーム品川1015
電話 03-6383-1810
印刷&製本：シナノ印刷株式会社